# 중국의
# 대표 관광지

## 1. 만리장성(万里长城)

중국에서 가장 유명한 관광지가 무엇이냐고 묻는다면 열에 아홉은 아마 만리장성을 꼽을 것이다. 인류가 만든 최대 건축물이라 불리는 만리장성은 길이가 약 2,700km에 달하고 중첩되는 부분이나 갈라져 나온 부분까지 합한다면 5,000~6,000km에 이른다고 한다. 춘추전국시대에 각 나라들이 북방민족의 침입을 막기 위해 쌓았던 성들을 진나라 때 진시황이 연결하고 보수하였으며, 그 후 수백 년 동안 여러 왕조가 보수하고 증축하였다. 만리장성을 찾는 관광객들에게 가장 인기가 많은 코스는 북경 중심에서 80km 정도 떨어져 있는 팔달령장성이다. 북경 북부라는 지리적 장점도 있지만, 용이 춤을 추는 듯한 역동적인 형상과 군사적 중요성으로 인해 견고하게 지어진 성벽 때문에 많은 관광객들이 만리장성을 관광할 때 이곳을 선택한다.

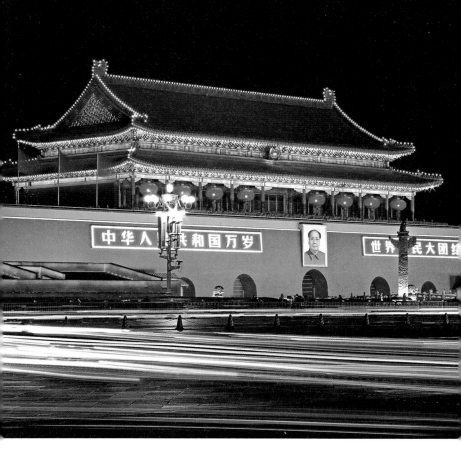

## 2. 북경(北京, 베이징)

중국의 현재 수도이자 중국의 여러 왕조의 수도였다. 명나라와 청나라의 궁궐로 사용되었던 자금성은 세계에서 가장 큰 궁궐이다. 건물 하나하나에 중국의 문화를 그대로 담은 자금성은 금지된 성이라는 이름처럼 오랫동안 백성의 출입을 금하였으나 오늘날에는 고궁박물원으로 사용되어 많은 이들이 찾는 관광지가 되었다. 중국의 대표적인 이미지 하면 모택동(마오쩌둥)의 사진이 걸려 있는 문 이미지를 떠올리는 사람이 많을 것이다. 이 문이 바로 천안문이다. 황성의 남문으로, 자금성으로 들어가는 문이다. 천안문 앞에는 세계에서 가장 넓은 광장인 천안문 광장이 있다. 북경 북부에는 중국 최대 규모의 황실 정원인 이화원이 있다. 총면적이 2.9㎢이며 그중에 인공호수인 군명호(쿤밍호)의 면적이 2.2㎢이다. 군명호를 만들기 위해 퍼낸 흙은 인공산인 만수산(완서우산)을 만드는 데 사용되었다.

### 3. 진시황릉과 병마용갱 (秦始皇陵兵馬俑坑)

산서(산시)성 서안(시안)에 있는 진시황릉은 중국 최초의 황제 진시황의 무덤이다. 진시황은 중국 최초의 통일제국인 진나라를 세운 뒤 자신의 업적을 기리기 위해 자신이 묻힐 무덤을 만들기 시작했다. 무려 39년간 공사가 진행되었으며, 70만여 명이 동원되었다는 기록이 있다. 아직 발굴 중이라 많은 것이 알려져 있지는 않지만, 외관만 보아도 한 면이 400m가량에 높이는 약 76m에 달한다. 진시황릉 근처에는 많은 병사, 말, 전차 등의 진흙모형이 발굴되고 있다. 이를 병마용이라고 한다. 진시황이 자신의 무덤을 지키게 할 목적으로 만든 것으로 파악되며, 실제 크기로 제작된 수천 개의 병마용들이 발견되어 박물관에 전시되어 있다. 그 수와 규모도 놀랍지만 수많은 병사들의 모형이 각각 다른 표정과 자세, 복장을 하고 있다는 것이 더욱 놀랍다.

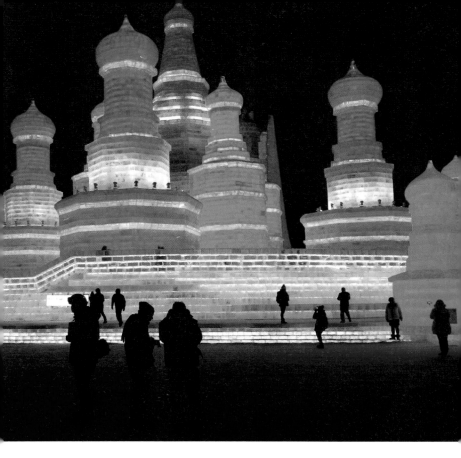

## 4. 합이빈(哈爾濱, 하얼빈)

공중회랑의 허브이며, 중국 문화 명성지 중 하나이다. 중국에서는 위도가 가장 높아 기온이 낮다. 한여름 평균 기온은 19~23도로 선선하지만, 1월 평균 온도는 영하 15~30도로 아주 춥다. 매해 1월 5일즈음 개막하여 한 달 정도 열리는 빙등축제는 세계 3대 눈축제로도 유명하다. 매해 신화, 인물, 문화, 한류 등의 주제를 선정해 연출하는데 동화 속의 세상처럼 환상적이다. 또한 합이빈에는 한국 사람이라면 꼭 가보아야 할 안중근 의사 기념관이 있다. 기념관은 의거 현장을 개조한 것으로 내부에서는 각종 사진자료들을 통해 안중근 의사의 일생과 여순(뤼순) 감옥에서의 수감 생활 등을 엿볼 수 있다.

## 5. 상해(上海, 상하이)

상해는 중국이 개방되면서 급격히 규모가 커졌는데, 이는 제국주의 서양 열강들이 중국에 진출하면서 상해를 거점으로 삼았기 때문이다. 그래서 상해는 중국의 다른 도시들과는 다르게 유럽풍의 건물들이 많다. 또한 우리나라의 임시정부도 상해에 있었으며, 홍커우공원(현재 루쉰공원)에서 윤봉길 의사가 도시락 폭탄을 투척하는 등의 활동이 있었다. 임시정부청사 건물은 그대로 남아 있어 방문할 수 있다. 상해에는 유명한 빌딩구역인 외탄(와이탄)이 있다. 황푸강을 끼고 1.7km 정도 걸으면 다양한 양식의 주요 건물들과 야경을 가장 잘 볼 수 있으며, 강 맞은편에는 동방명주탑을 비롯하여 현대식 고층빌딩들이 보인다. 상해 구시가지에는 명나라와 청나라 양식의 정원인 예원이 있는데, 중국의 정원 중에서도 섬세하고 아름답기로 손꼽힌다.

## 6. 계림(桂林, 구이린)

광서 장족 자치구의 북동부 쪽에 있는 지급시이다. 카르스트 지형으로 바위의 병풍이 탑처럼 둘러싸여 있다. 그림과 같은 아름다운 풍경으로 인해 예로부터 많은 시인들과 화가들의 작품의 소재가 되어 왔다. 상비산과 복파산, 첩채산을 합쳐 계림의 삼산이라고 부르는데 세 산 모두 나름의 정취가 있고 정경이 아름다우며 산이 높지 않다. 그 외에도 천산공원, 칠성공원, 호적암(루디옌) 등에서 아름답고 독특한 계림의 풍경을 감상할 수 있다. 또 하나 계림의 명소로는 용척제전(龙脊梯田)이 있다. 전체적으로 보았을 때 산 정상까지 계단이 나 있는 모습이라 그 광경이 굉장한 볼거리이다. 계림에서 65km 정도 떨어진 곳에는 계림이 관할하는 현 양삭(양쉬)이 있다. 독특하고 수려한 산과 물의 경치로 유명하며 풍경이 인민폐 20원에 들어가 있을 만큼 중국인이 사랑하는 곳이다.

## 7. 장가계(張家界, 장자제)

호남(후난)성의 북서부에 위치한 대표적인 관광도시이다. "태어나 장가계를 가보지 않고서야 백세가 되어도 어찌 늙었다 할 수 있겠는가"라는 말이 있을 정도로, 몽유도원도의 본향이라 할 수 있는 아름다운 중국의 대표 여행지 중 하나이며, 한국 관광객이 많이 찾는 곳이다. 1982년 중국 제1호 국가삼림공원으로, 1988년에는 주요풍경명승구로 지정되었고, 1992년에는 유네스코 세계 자연유산으로 등록되었다. 영화 '아바타'의 촬영지로도 유명하며, 2004년 2월에는 유네스코 세계지질공원으로 등록되었고, 2007년에는 중국의 5A급 풍경구에 속하게 되었다. 장가계 무릉원에 있는 황석채(黃石寨)는 "황석채를 오르지 않고 장가계를 올랐다고 할 수 없다"고 할 만큼 장가계의 대표 5경구 중 하나인 아름다운 산이다.

## 8. 구채구(九寨沟, 주자이거우)

사천(쓰촨)성 북부의 아바장족창족 자치주에 있는 자연보호구로, 해발 2,000~3,400m에 이르는 100개 이상의 연못이 이어져 있는 카르스트 담수 호수지대이다. 구채구의 물을 보지 않고서 물을 논하지 말라는 말이 있을 정도로 이곳의 물은 아름답고 투명하며, 산맥에서 흘러든 석회석 성분이 연못 아래 침전되어 낮에는 청색, 저녁에는 오렌지 등 다채로운 색을 보여준다. 구채구의 호수들을 '취해(翠海)', 폭포들을 '첩폭(疊瀑)', 계절에 따라 다양하게 물드는 숲을 '채림(彩林)', 하늘 아래 흰 눈을 365일 간직한 산을 '설봉(雪峰)', 장족의 문화를 '장정(藏情)', 푸른빛의 얼음폭포를 '람빙(藍冰)'이라 하며 이를 '구채구의 6절'이라 한다. 자연 보호를 위해 하루 입장자가 제한되고 있지만 중국에서 손꼽히는 인기 관광지 중의 하나이다.

## 9. 해남도(海南島, 하이난 섬)

중국의 대표적인 휴양지이며, 중국 최남단에 위치하고 있다. 총 면적은 3,500km²
이며, 해안 면적은 약 200km² 정도이다. 월 평균기온이 18도 정도로 겨울이 없고
열대활엽수, 야자나무 등의 열대식물이 자라고 있으며, 산악지대는 열대 우림으로
둘러싸여 있다. 중국에서는 개발이 이루어지지 않은 곳 중에 한 곳이라 리조트나 호
텔이 개발된 곳을 제외하고는 아직 개발이 덜 되었으며 유네스코가 지정한 세계 2대
청정지역에 들기도 하였다. 세계에서 두 번째로 긴 74km의 해변을 가지고 있으며
맑은 물빛이 아름다운 열대 휴양지이다. 가볼 만한 곳은 남산풍경구와 원숭이섬, 닥
터피시 온천 그리고 아롱만 해수욕장 등이 있으며, 산을 좋아하는 사람들이라면 중
부에 위치한 해남도에서 가장 높은 산인 오지산에 오르는 것도 좋은 경험이 될 수 있다.

## 10. 홍콩(香港)

현재는 중국의 영토이지만, 오랫동안 영국의 지배를 받았기 때문에 서양적인 요소가 강하다. 중국으로 반환된 후에도 일국양제의 영향으로 중국 본토와는 다르게 자본주의 시장경제체제를 유지하고 있으며 본토의 간섭을 받지 않는다. 빅토리아 피크는 홍콩에서 가장 높은 산인데, 이곳을 올라갈 때는 피크트램을 이용한다. 피크 타워에 올라가면 아름다운 야경을 한눈에 볼 수 있다. 홍콩은 세계적으로 유명한 배우들이 많이 있어 그들의 손도장과 사인이 찍혀 있는 스타의 거리가 바닷가를 따라서 나 있으며 이곳에는 이소룡의 동상도 함께 있다. 오션파크는 다양한 해양동물들을 볼 수 있을 뿐 아니라 여러 오락시설, 다양한 문화공연이 함께하는 복합레저파크로, 연 관광객이 400만 명에 달한다. 또한 마카오와 연계된 관광코스가 발달되어 있다.

# 유창한 회화를 위한 기본 표현

## Chapter 01

고마움을 나타낼 때

**UNIT 01** 고마움을 나타낼 때

❂ 감사합니다.
谢谢!
xiè xie
씨에 시에

❂ 도와주셔서 고맙습니다.
很感谢你对我的帮助。
hěn gǎn xiè nǐ duì wǒ de bāng zhù
헌 깐 씨에 니 뚜이 워 더 빵주

❂ 대단히 감사합니다.
非常感谢。
fēi cháng gǎn xiè
페이 창 깐 씨에

❂ 수고하셨습니다.
您辛苦了。
nín xīn kǔ le
닌 씬 쿠 러

❂ 대단히 감사드립니다.
太谢谢你了。
tài xiè xie nǐ le
타이 씨에 시에 니 러

❂ 배려에 감사드립니다.
谢谢您的关心。
xiè xie nín de guān xīn
씨에 시에 닌 더 꽌 씬

❂ 폐가 많았습니다.
太麻烦你了。
tài má fán nǐ le
타이 마 판 니 러

✿ 어떻게 감사를 드려야 할지 모르겠습니다.
我真不知道怎么感谢您才好。
wǒ zhēn bù zhī dào zěn me gǎn xiè nín cái hǎo
워 전 뿌 즈 따오 쩐 머 깐 씨에 닌 차이 하오

UNIT
02
감사 표시에 대한 응답

✿ 별말씀을 다 하십니다.
不用客气。
bú yòng kè qi
뿌 융 커 치

✿ 감사할 필요까지야.
不用谢。
bú yòng xiè
뿌 융 씨에

✿ 천만의 말씀입니다.
哪里哪里。
nǎ lǐ nǎ lǐ
나 리 나 리

✿ 그러실 필요까지 없습니다.
你太见外了。
nǐ tài jiàn wài le
니 타이 지엔 와이 러

✿ 괘념치 마십시오.
请不要张罗。
qǐng bú yào zhāng luo
칭 부 야오 장 루어

✿ 별것 아닙니다.
沒什么。
méi shén me
메이 션 머

✿ 도움이 되어 다행입니다.
能帮上忙，我很高兴。
néng bāng shàng máng wǒ hěn gāo xīng
넝 빵 샹 망 워 헌 까오 씽

**UNIT 01** 사과·사죄할 때

✪ 미안합니다.
对不起。
duì bù qǐ
뚜이 부 치

✪ 정말로 죄송합니다.
实在对不起。
shí zài duì bù qǐ
스 짜이 뚜이 부 치

✪ 죄송합니다.
很抱歉。
hěn bào qiàn
헌 빠오 치엔

✪ 폐를 끼쳐 드렸습니다.
给您添麻烦了。
gěi nín tiān má fán le
게이 닌 티엔 마 판 러

✪ 늦게 와서 죄송합니다.
对不起，我来晚了。
duì bù qǐ wǒ lái wǎn le
뚜이 부 치 워 라이 완 러

✪ 용서해주십시오.
请您原谅。
qǐng nín yuán liàng
칭 닌 위엔 량

✪ 부디 양해해 주십시오.
请原谅。
qǐng yuán liàng
칭 위엔 량

❀ 제가 잘못했습니다.
是我不对。
shì wǒ bù duì
스 워 부 뚜이

❀ 오래 기다리게 해서 죄송합니다.
对不起，让您久等了。
duì bù qǐ ràng nín jiǔ děng le
뚜이 부 치 랑 닌 지우 떵 러

❀ 폐가 많았습니다.
让您费心了。
ràng nín fèi xīn le
랑 닌 페이 씬 러

**UNIT 02** 실례할 때

❀ 실례합니다.
借光借光。
jiè guāng jiè guāng
지에 꾸앙 지에 꾸앙

❀ 미안합니다. 말씀 중에 실례합니다.
对不起，我说一句。
duì bù qǐ wǒ shuō yī jù
뚜이 부 치 워 쉬 이 쥐

**UNIT 03** 사과·사죄에 대한 응답

❀ 괜찮습니다.
没关系。
méi guān xì
메이 꽌 씨

❀ 마음에 두지 마십시오.
你不必担心。
nǐ bù bì dān xīn
니 부 비 딴 씬

31

✿ 천만에요.
不用谢。
bù yòng xiè
뿌 용 씨에

✿ 사양하지 마세요.
你不要客气。
nǐ bù yào kè qi
니 뿌 야오 커 치

✿ 개의치 마세요.
您别介意。
nín bié jiè yì
닌 비에 지에 이

✿ 사과하실 필요가 없습니다.
你不用陪礼。
nǐ bù yòng péi lǐ
니 부 용 페이 리

✿ 피차일반입니다.
彼此，彼此。
bǐ cǐ bǐ cǐ
비 츠 비 츠

# Chapter 03 축하를 할 때

**UNIT 01** 축하할 때

🌟 축하합니다.
祝贺你。
zhù hè nǐ
쭈 허 니

🌟 축하드립니다.
恭喜恭喜。
gōng xǐ gōng xǐ
꿍 씨 꿍 씨

🌟 생일 축하합니다.
祝你生日快乐。
zhù nǐ shēng rì kuài lè
쭈 니 셩 르 콰이 러

🌟 취직을 축하드립니다.
祝贺你参加工作。
zhù hè nǐ cān jiā gōng zuò
쭈 허 니 찬 쟈 꿍 쭤

🌟 승진을 축하합니다.
恭喜你升职。
gōng xǐ nǐ shēng zhí
꿍 씨 니 셩 즈

🌟 대학 합격을 축하합니다.
祝贺你考上大学。
zhù hè nǐ kǎo shàng dà xué
쭈 허 니 카오 상 따 쉬

🌟 졸업을 축하합니다.
祝贺你毕业。
zhù hè nǐ bì yè
쭈 허 니 삐 예

✪ 임신을 축하합니다.
祝贺你怀孕。
zhù hè nǐ huái yùn
쭈 허 니 화이 윈

✪ 아들이 태어났다니 축하하네.
恭喜你生了个儿子。
gōng xǐ nǐ shēng le gè ér zi
꿍 씨 니 성 러 거 얼 즈

## UNIT 02 행운을 빌 때

✪ 행운이 있기를 바랍니다.
祝你好运。
zhù nǐ hǎo yùn
쭈 니 하오 윈

✪ 건강하시기를 빌겠습니다.
祝你身体健康。
zhù nǐ shēn tǐ jiàn kāng
쭈 니 션 티 지엔 캉

✪ 잘 다녀오시기 바랍니다.
祝你一路顺风。
zhù nǐ yī lù shùn fēng
쭈 니 이 루 순 펑

✪ 성공을 빌겠습니다.
祝你成功。
zhù nǐ chéng gōng
쭈 니 청 꿍

✪ 좋은 성적을 거두기를 바랍니다.
祝你取得好成绩。
zhù nǐ qǔ dé hǎo chéng jī
쭈 니 취 더 하오 청 지

✿ 모든 일이 순조롭기를 바랍니다.
祝你一切顺利。
zhù nǐ yí qiè shùn lì
쭈 니 이 치에 슌 리

**UNIT 03** 새해 인사를 할 때

✿ 새해 복 많이 받으십시오.
新年快乐。
xīn nián kuài lè
씬 니엔 콰이 러

✿ 새해는 모든 일이 잘 되기를 바랍니다.
祝你在新的一年里马到成功。
zhù nǐ zài xīn de yì nián lǐ mǎ dào chéng gōng
주 니 짜이 씬 더 이 니엔 리 마 따오 청 꿍

✿ 새해에 즐겁게 보내시기 바랍니다.
祝你新年愉快。
zhù nǐ xīn nián yú kuài
주 니 씬 니엔 위 콰이

✿ 함께 저녁식사를 합시다.
一起吃晚饭吧。
yì qǐ chī wǎn fàn bā
이 치 츠 완 판 바

✿ 내일 저희 집에 놀러 오십시오.
明天请到我家来玩儿吧。
míng tiān qǐng dào wǒ jiā lái wán r bā
밍 티엔 칭 따오 워 쟈 라이 왈 바

✿ 저희 집에 놀러 오세요.
请您来我家作客。
qǐng nín lái wǒ jiā zuò kè
칭 닌 라이 워 쟈 쭤 커

✿ 점심을 대접하고 싶습니다.
我想请你吃午饭。
wǒ xiǎng qǐng nǐ chī wǔ fàn
워 쌍 칭 니 츠 우 판

✿ 오늘 오후에 시간이 있습니까?
今天下午有空吗?
jīn tiān xià wǔ yǒu kōng ma
진 티엔 쌰 우 여우 콩 마

✿ 술을 대접하고 싶습니다.
我想请你喝酒。
wǒ xiǎng qǐng nǐ hē jiǔ
워 쌍 칭 니 허 지

✿ 오늘은 제가 한턱내겠습니다.
今天我请客。
jīn tiān wǒ qǐng kè
찐 티엔 워 칭 커

✪ 6시에 마중을 나가겠습니다.
六点钟我去接你。
liù diǎn zhōng wǒ qù jiē nǐ
리우 디엔 중 워 취 지에 니

✪ 나중에 저희 집으로 초대하고 싶은데요.
我想请您到我家做客。
wǒ xiǎng qǐng nín dào wǒ jiā zuò kè
워 쌍 칭 닌 따오 워 쟈 쭤 커

✪ 제 초청을 받아주시겠습니까?
肯接受我的邀请吗?
kěn jiē shòu wǒ de yāo qǐng ma
컨 지에 소우 워 더 야오 칭 마

## UNIT 02 초대에 응할 때

✪ 좋습니다. 가겠습니다.
好，我愿意去。
hǎo wǒ yuàn yì qù
하오 워 위엔 이 취

✪ 네, 기꺼이 가겠습니다.
是，我乐意去。
shì wǒ lè yì qù
스 워 러 이 취

✪ 기꺼이 방문하겠습니다.
我乐意拜访您。
wǒ lè yì bài fǎng nín
워 러 이 빠이 팡 닌

✪ 꼭 갈게.
我肯定去。
wǒ kěn dìng qù
워 컨 딩 취

✿ 죄송합니다만, 다른 약속이 있습니다.
抱歉，我有别的约会。
bào qiàn wǒ yǒu bié de yuē huì
빠오 치엔 워 여우 비에 더 위에 후이

✿ 그날 저는 스케줄이 있습니다.
那天我有个安排。
nà tiān wǒ yǒu gè ān pái
나 티엔 워 여우 거 안 파이

✿ 감사하지만, 됐습니다.
谢谢，我看免了吧。
xiè xie wǒ kàn miǎn le bā
씨에 시에 워 칸 미엔 러 바

✿ 몸이 안 좋습니다.
我不舒服。
wǒ bù shū fú
워 뿌 수 푸

✿ 오늘은 너무 바쁩니다.
今天我太忙了。
jīn tiān wǒ tài máng le
찐 티엔 워 타이 망 러

## Chapter 05  방문을 할 때

⭐ 초대해 주셔서 감사합니다.
谢谢您的招待。
xiè xie nín de zhāo dài
씨에 시에 닌 더 자오 따이

⭐ 와 주셔서 감사합니다.
欢迎光临。
huān yíng guāng lín
환 잉 꾸앙 린

⭐ 어서 들어오십시오.
快请进吧。
kuài qǐng jìn ba
콰이 칭 진 바

⭐ 이쪽으로 오시죠.
往这边来。
wǎng zhè biān lái
왕 저 비엔 라이

⭐ 초대해주셔서 고맙습니다.
谢谢你的招待。
xiè xie nǐ de zhāo dài
씨에 시에 니 더 자오 따이

⭐ 초대를 해주셔서 영광입니다.
很荣幸能够接受你邀请。
hěn róng xing néng gòu jiē shòu nǐ yāo qǐng
헌 룽 씽 넝 꺼우 지에 쇼우 니 야오 칭

⭐ 와주셔서 감사합니다.
谢谢你的光临。
xiè xie nǐ de guāng lín
씨에 시에 니 더 꽝 린

✪ 편하게 하세요.
隨便一点。
suí biàn yī diǎn
쑤이 비엔 이 디엔

✪ 아무 데나 편하게 앉으세요.
请随便坐。
qǐng suí biàn zuò
칭 쑤이 비엔 쮀

✪ 사양치 마시고 편하게 제집처럼 여기세요.
别客气，你就当是自己的家。
bié kè qì nǐ jiù dāng shì zì jǐ de jiā
비에 커 치 니 지우 땅 스 쯔 지 더 쟈

UNIT
02  대접을 할 때

✪ 차 드세요.
请喝茶。
qǐng hē chá
칭 흐어 차

✪ 뭘 드시겠어요?
您要喝点儿什么?
nín yào hē diǎn r shén me
닌 야오 허 디알 션 머

✪ 커피 한 잔 끓여드릴게요.
我给您煮杯咖啡吧。
wǒ gěi nín zhǔ bēi kā fēi ba
워 게이 닌 주 뻬이 카 페이 바

✪ 녹차 한 잔 하시겠어요?
要不要来一杯绿茶?
yào bú yào lái yì bēi lǜ chá
야오 부 야오 라이 이 뻬이 뤼 차

❷ 음료수 한 잔 가져올까요?
来一杯饮料怎么样?
lái yì bēi yǐn liào zěn me yàng
라이 이 뻬이 인 랴오 쩐 머 양

❷ 마음껏 드세요.
多吃一点儿啊。
duō chī yì diǎn r a
뚸 츠 이 디알 아

UNIT 03 방문을 마칠 때

❷ 집에 가야겠습니다.
我该回家了。
wǒ gāi huí jiā le
워 까이 후이 쟈 러

❷ 시간을 너무 빼앗고 싶지 않습니다.
我不想占用你太多时间。
wǒ bù xiǎng zhàn yòng nǐ tài duō shí jiān
워 뿌 썅 잔 융 니 타이 뚸 스 지엔

❷ 융숭한 대접에 감사 드립니다.
谢谢你的盛情款待。
xiè xie nǐ de shèng qíng kuǎn dài
씨에 시에 니 더 셩 칭 콴 따이

❷ 늦었는데 이만 가봐야겠습니다.
时间不早了，我得告辞了。
shí jiān bù zǎo le wǒ děi gào cí le
스 지엔 뿌 짜오 러 워 떼이 까오 츠 러

지금 가신다는 말씀이세요?
你这就要走?
nǐ zhè jiù yào zǒu
니 쩌 지우 야오 저우

 좀 더 계시다 가세요.
再多坐一会儿吧!
zài duō zuò yí huì r ba
짜이 뛰 쮜 이 후일 바

 그럼, 더 이상 붙들지 않겠습니다.
那我就不在挽留你了。
nà wǒ jiù bú zài wǎn liú nǐ le
나 워 지우 부 짜이 완 리우 니 러

 제가 차로 모셔다 드리겠습니다.
我用车送你吧。
wǒ yòng chē sòng nǐ ba
워 융 처 쑹 니 바

 아직 이른데 저녁식사를 하고 가세요.
时间还早呢，吃晚饭再走吧。
shí jiān hái zǎo ne chī wǎn fàn zài zǒu ba
스 지엔 하이 자오 너 츠 완 판 짜이 저우 바

 살펴 가세요. 시간이 있으면 또 놀러 오세요.
您走好。有时间再来玩儿啊。
nín zǒu hǎo yǒu shí jiān zài lái wán r a
닌 저우 하오 여우 스 지엔 짜이 라이 왈 아

# Chapter 06  약속을 할 때

✿ 시간이 있으세요?
您看有时间吗?
nín kàn yǒu shí jiān ma
닌 칸 여우 스 지엔 마

✿ 만나고 싶은데요.
我想与您见面。
wǒ xiǎng yǔ nín jiàn miàn
워 씨앙 위 닌 지엔 미엔

✿ 이쪽으로 와주실 수 없으세요?
您能不能到我这里来?
nín néng bú néng dào wǒ zhè lǐ lái
닌 넝 부 넝 따오 워 쩌 리 라이

✿ 언제 한번 만나요.
找时间见个面吧。
zhǎo shí jiān jiàn ge miàn ba
자오 스 지엔 지엔 거 미엔 바

✿ 잠깐 만날 수 있을까요?
我能见见你吗?
wǒ néng jiàn jiàn nǐ ma
워 넝 지엔 지엔 니 마

✿ 내일 한번 만날까요?
明天咱们见个面?
míng tiān zán men jiàn ge miàn
밍 티엔 잔 먼 지엔 거 미엔

✿ 이번 주말에 시간 있으세요?
这个周末你有时间吗?
zhè ge zhōu mò nǐ yǒu shí jiān ma
쩌 거 저우 모 니 여우 스 지엔 마

✪ 내일 약속 있으세요?
明天有沒有约会?
míng tiān yǒu méi yǒu yuē huì
밍 티엔 여우 메이 여우 위에 후이

**UNIT 02** 약속 제의에 응답할 때

✪ 좋아요, 시간 괜찮아요.
好，我有时间。
hǎo wǒ yǒu shí jiān
하오 워 여우 쓰 지엔

✪ 이번 주말엔 별다른 계획이 없어요.
这个周末沒有别的约会。
zhè ge zhōu mò méi yǒu bié de yuē huì
쩌 거 저우 모 메이 여우 비에 더 위에 후이

✪ 미안해요, 제가 오늘 좀 바빠서요.
对不起，今天我有点忙。
duì bù qǐ jīn tiān wǒ yǒu diǎn máng
뚜이 부 치 찐 티엔 워 여우 디엔 망

✪ 시간이 없는데요.
沒有时间啊。
méi yǒu shí jiān a
메이 여우 스 지엔 아

✪ 선약이 있어서요.
我已經有约会。
wǒ yǐ jīng yǒu yuē huì
워 이 징 여우 위에 후이

✪ 다음으로 미루는 게 좋겠어요.
推迟下次好了。
tuī chí xià cì hǎo le
투이 츠 쌰 츠 하오 러

✪ 이번 주말엔 다른 계획이 있어요.

这个周末我另有计划。
zhè ge zhōu mò wǒ lìng yǒu jì huá
쩌 거 저우 모 워 링 여우 지 후아

약속 날짜와 시간을 정할 때

❄ 언제 방문하면 좋겠습니까?
什么时候拜访您好呢?
shén me shí hòu bài fǎng nín hǎo ne
션 머 스 허우 빠이 팡 닌 하오 너

❄ 몇 시로 했으면 좋겠어요?
你说定几点好?
nǐ shuō dìng jǐ diǎn hǎo
니 쉼 딩 지 디엔 하오

❄ 몇 시가 편하십니까?
几点钟方便?
jǐ diǎn zhōng fāng biàn
지 디엔 중 팡 비엔

❄ 언제 시간이 나십니까?
您什么时候有空?
nín shén me shí hòu yǒu kōng
닌 션 머 스 허우 여우 콩

❄ 오전 9시는 어떻습니까?
上午九点怎么样?
shàng wǔ jiǔ diǎn zěn me yàng
샹 우 지우 디엔 쩐 머 양

❄ 어느 정도 시간을 내주실 수 있습니까?
能抽出多长时间?
néng chōu chū duō cháng shí jiān
넝 처우 추 뚸 창 스 지엔

✪ 어디서 뵐까요?
我们在什么地方见面?
wǒ men zài shén me dì fāng jiàn miàn
워 먼 짜이 션 머 띠 팡 지엔 미엔

✪ 장소는 어디가 좋을까요?
在哪儿见面好呢?
zài nǎ r jiàn miàn hǎo ne
짜이 날 지엔 미엔 하오 너

✪ 이곳으로 올 수 있습니까?
你能到这里来吗?
nǐ néng dào zhè lǐ lái ma
니 넝 따오 쩌 리 라이 마

✪ 그곳이 좋을 것 같습니다.
我看那个地方好。
wǒ kàn nà gè dì fāng hǎo
워 칸 나 꺼 띠 팡 하오

✪ 어디서 만나야 하지?
在哪儿见面呢?
zài nǎ r jiàn miàn ne
짜이 날 지엔 미엔 너

✪ 네가 장소를 결정해.
你决定地点吧。
nǐ jué dìng dì diǎn ba
니 쮀 딩 디 디엔 바

**Chapter 07** 제안을 할 때

**UNIT 01** 제안할 때

😊 우리 돌아가야 하지 않겠어요?
我们是不是该回去了?
wǒ men shì bú shì gāi huí qù le
워 먼 스 부 스 까이 훼이 취 러

😊 지금 출발해야겠어요.
我们得出发了。
wǒ men děi chū fā le
워 먼 데이 추 파 러

😊 시험삼아 한번 해 봅시다.
那我们就试一试。
nà wǒ men jiù shì yí shì
나 워 먼 지우 스 이 스

😊 털어놓고 얘기합시다.
咱们打开天窗说亮话。
zán men dǎ kāi tiān chuāng shuō liàng huà
짠 먼 따 카이 티엔 추앙 쉬 량 화

😊 오늘은 이만합시다.
今天就到这儿吧。
jīn tiān jiù dào zhè r ba
진 티엔 지우 따오 쩔 바

😊 이런 식으로 표현하는 것이 어떨까요?
就这个方式表达可不可以?
jiù zhè ge fāng shì biǎo dá kě bù kě yǐ
지우 쩌 거 팡 쓰 빠오 다 커 부 커 이

😊 화해합시다.
咱们和好吧。
zán men hé hǎo ba
짠 먼 허 하오 바

✪ 내게 좋은 생각이 있어요.
我倒有个好主意。
wǒ dào yǒu gè hǎo zhǔ yi
워 따오 여우 거 하오 주 이

✪ 괜찮다면 같이 가시죠.
方便的话一起走吧。
fāng biàn de huà yì qǐ zǒu ba
팡 비엔 더 화 이 치 조우 바

**UNIT 02** 계안에 대한 응대

✪ 좋습니다.
好吧。
hǎo ba
하오 바

✪ 네, 그렇게 하겠습니다.
好，就那样吧。
hǎo jiù nà yàng ba
하오 지우 나 양 바

✪ 그거 좋은 생각이군요.
那想法真不错。
nà xiǎng fǎ zhēn bú cuò
나 쌍 파 전 부 춰

✪ 그렇게 합시다.
就那么的吧。
jiù nà me de ba
지우 나 머 더 바

✪ 고맙지만, 됐습니다.
谢谢，不用了。
xiè xie bú yòng le
씨에 씨에 부 융 러

✪ 그럴 생각이 없습니다.
我不想那样。
wǒ bù xiǎng nà yàng
워 뿌 샹 나 양

48

# 베스트 여행 중국어
# 완전정복

## Unit 01. 기내에서

### ❶ 자리 찾기

바꿔 말하기

창문 입니다.

是 窗户 。

shì (chuāng hu)

쓰 (추앙 후)

비행기 기내

| ① 창문 | ② 스튜어디스 | ③ 객석 위쪽의 짐칸 |
|---|---|---|
| 窗户 | 空姐 | 舱顶行李箱 |
| chuāng hu | kōng jiě | cāng dǐng xíng lǐ xiāng |
| 추앙 후 | 콩 지에 | 창 딩 씽 리 씨앙 |
| ④ 에어컨 | ⑤ 조명 | ⑥ 모니터 |
| 空调 | 阅读灯 | 显示器 |
| kōng tiáo | yuè dú dēng | xiǎn shì qì |
| 콩 티아오 | 위에 뚜 떵 | 씨엔 쓰 치 |

| ⑦ 좌석(자리)<br>**座位**<br>zuò wèi<br>쭈오 웨이 | ⑧ 이어폰<br>**耳机**<br>ěr jī<br>얼 지 | ⑨ 구명조끼 life vest<br>**救生衣**<br>jiù shēng yī<br>지우 썽 이 |
|---|---|---|
| ⑩ 호출버튼<br>**呼叫按钮**<br>hū jiào àn niǔ<br>후 지아오 안 니우 | ⑪ 안전벨트<br>**安全带**<br>ān quán dài<br>안 취엔 따이 | ⑫ 짐<br>**行李**<br>xíng li<br>씽 리 |
| ⑬ 통로<br>**通道**<br>tōng dào<br>통 따오 | ⑭ 비상구<br>**紧急出口**<br>jǐn jí chū kǒu<br>진 지 츄 코우 | ⑮ 화장실<br>**厕所**<br>cè suǒ<br>처 수오 |

## 핵심문장 익히기

- 제 자리입니다.
  这是我的座位。
  zhè shì wǒ de zuò wèi
  쩌 쓰 워 더 쭈오 웨이

- 제 자리를 좀 안내해주세요.
  请帮我找一下座位。
  qǐng bāng wǒ zhǎo yí xià zuò wèi
  칭 빵 워 쨔오 이 씨아 쭈오 웨이

- 제 자리는 어디인가요?
  请问我的座位在哪里?
  qǐng wèn wǒ de zuò wèi zài nǎ lǐ
  칭 원 워 더 쭈오 웨이 짜이 나 리

- 창가 / 통로 자리를 원해요.

  我想要靠窗 / 通道的座位。

  wǒ xiǎng yào kào chuāng / tōng dào de zuò wèi

  워 씨앙 야오 카오 추앙 / 통 따오 더 쭈오 웨이

- 의자를 젖혀도 될까요?

  座位可以往后放吗?

  zuò wèi kě yǐ wǎng hòu fàng ma

  쭈오 웨이 커 이 왕 호우 팡 마

- 자리를 좀 찾아주시겠어요?

  请帮我找座位好吗?

  qǐng bāng wǒ zhǎo zuò wèi hǎo ma

  칭 빵 워 쨔오 쭈오 웨이 하오 마

- 짐을 올려 주시겠어요?

  请帮我把行李放上去好吗?

  qǐng bāng wǒ bǎ xíng li fàng shàng qù hǎo ma

  칭 빵 워 빠 씽 리 팡 쌍 취 하오 마

- 죄송하지만 자리를 바꿔 주실 수 있나요?

  不好意思, 能换一下座位吗?

  bù hǎo yì si, néng huàn yí xià zuò wèi ma

  뿌 하오 이 스, 넝 후안 이 씨아 쭈오 웨이 마

- 지나가도 될까요?

  我可以过去吗?

  wǒ kě yǐ guò qù ma

  워 커 이 꾸오 취 마

## ❷ 기내 서비스

### 1. 승무원에게 서비스를 요구할 때

바꿔 말하기

신문 주세요.

**请给我 报纸 。**

qǐng gěi wǒ (bào zhǐ)

칭 게이 워 (빠오 쯔)

### 기내 서비스 물품

| 신문 <br> **报纸** <br> bào zhǐ <br> 빠오 쯔  | 한글 <br> **韩文** <br> hán wén <br> 한 원 | 영어 <br> **英文** <br> yīng wén <br> 잉 원 | 일어 <br> **日文** <br> rì wén <br> 르 원 | 중국어 <br> **中文** <br> zhōng wén <br> 쫑 원 |
|---|---|---|---|---|
| 면세품 목록 <br> **免税商品目录** <br> miǎn shuì shāng pǐn mù lù <br> 미엔 쑤이 쌍 핀 무 루  | | | 잡지 <br> **杂志** <br> zá zhì <br> 자 쯔  | |
| 담요 <br> **毛毯** <br> máo tǎn <br> 마오 탄  | | | 베개 <br> **枕头** <br> zhěn tou <br> 쩐 토우  | |
| 입국카드 <br> **外国人入境卡** <br> wài guó rén rù jìng kǎ <br> 와이 꾸오 런 루 찡 카  | | | 화장지 <br> **纸巾** <br> zhǐ jīn <br> 쯔 찐  | |

A: 승무원!
乘务员!
chéng wù yuán
청 우 위엔

B: 무엇을 도와드릴까요?
有什么可以帮您的吗?
yǒu shén me kě yǐ bāng nín de ma
요우 썬 머 커 이 빵 닌 더 마

A: (신문) 주세요.
请给我(报纸)。
qǐng gěi wǒ (bào zhǐ)
칭 게이 워 (빠오 쯔)

## 핵심문장 익히기

• 언제 도착하나요?

什么时候能够到呢?

shén me shí hóu néng gòu dào ne

썬 머 쓰 호우 넝 꼬우 따오 너

• 몸이 불편해요, 도와주세요.

我身体不舒服, 请帮我一下。

wǒ shēn tǐ bù shū fu, qǐng bāng wǒ yí xià

워 썬 티 뿌 쑤 푸, 칭 빵 워 이 씨아

## 2. 음료나 음식을 요청할 때

바꿔 말하기

음료수 주세요.
请给我 饮料 。
qǐng gěi wǒ (yǐn liào)
칭 게이 워 (인 리아오)

### 음료, 식사 관련

| | | |
|---|---|---|
| 음료수<br>饮料<br>yǐn liào<br>인 리아오  | 망고 주스<br>芒果汁<br>máng guǒ zhī<br>망 꾸오 쯔  | 콜라<br>可乐<br>kě lè<br>커 러  |
| 오렌지주스<br>橙汁<br>chéng zhī<br>청 쯔  | 우유<br>牛奶<br>niú nǎi<br>니우 나이  | 커피<br>咖啡<br>kā fēi<br>카 페이  |
| 맥주<br>啤酒<br>pí jiǔ<br>피 찌우  | 물<br>水<br>shuǐ<br>쑤이  | 식사<br>饭<br>fàn<br>판  |
| 포크<br>叉子<br>chā zi<br>챠 즈  | 나이프<br>刀子<br>dāo zi<br>따오 즈  | 젓가락<br>筷子<br>kuài zi<br>쿠아이 즈  |

▶ 기내 서비스 – 음료 또는 음식

A: 무엇으로 드시겠어요?
请问您想吃点什么?
qǐng wèn nín xiǎng chī diǎn shén me
칭 원 닌 씨앙 츠 띠엔 썬 머

어떤 음료수를 드시겠어요?
请问您想喝点什么饮料?
qǐng wèn nín xiǎng hē diǎn shén me yǐn liào
칭 원 닌 씨앙 허 띠엔 썬머 인 리아오

**B:** 어떤 요리(음료수)가 있나요?
请问有什么吃的(饮料)?
qǐng wèn yǒu shén me chī de (yǐn liào)
칭 원 요우 썬 머 츠 더 (인 리아오)

**A:** 닭고기와 소고기 요리가 있습니다.
有鸡肉饭和牛肉饭。
yǒu jī ròu fàn hé niú ròu fàn
요우 찌 로우 판 허 니우 로우 판

**B:** 닭고기 요리 주세요.
请给我鸡肉饭。
qǐng gěi wǒ jī ròu fàn
칭 게이 워 찌 로우 판

고맙지만, 식사 안 할게요.
我不需要饭, 谢谢。
wǒ bù xū yào fàn, xiè xiè
워 뿌 쉬 야오 판, 씨에 씨에

**A:** 치워 드릴까요?
我可以给您收拾了吗?
wǒ kě yǐ gěi nín shōu shí le ma
워 커 이 게이 닌 쏘우 쓰 러 마

**B:** 치워 주세요.
你能帮我收拾一下吗?
nǐ néng bāng wǒ shōu shí yí xià ma
니 넝 빵 워 쏘우 쓰 이 씨아 마

나중에 치워 주세요.
待会儿再收拾吧。
dāi huìr zài shōu shí ba
따이 후얼 짜이 쏘우 쓰 빠

잘 먹었습니다.
我吃得很好。
wǒ chī de hěn hǎo
워 츠 더 헌 하오

한 잔 더 주세요.
再给我一杯。
zài gěi wǒ yì bēi
짜이 게이 워 이 뻬이

좀 더 주세요.
再给我一点。
zài gěi wǒ yì diǎn
짜이 게이 워 이 띠엔

## 3. 기내 면세품을 구입할 때

바꿔 말하기

담배 주세요.
请给我 香烟 。
qǐng gěi wǒ (xiāng yān)
칭 게이 워 (씨앙 이엔)

### 기내 면세품

| 담배<br>香烟<br>xiāng yān<br>씨앙 이엔 | | 술<br>酒<br>jiǔ<br>찌우 | | 화장품<br>化妆品<br>huà zhuāng pǐn<br>후아 쭈앙 핀 | |
| 향수<br>香水<br>xiāng shuǐ<br>씨앙 쑤이 | | 시계<br>手表<br>shǒu biǎo<br>쏘우 삐아오 | | 목걸이<br>项链<br>xiàng liàn<br>씨앙 리엔 | |

57

### 핵심문장 익히기

- 이것으로 주세요.
  请给我这个。
  qǐng gěi wǒ zhè ge
  칭 게이 워 쩌 거

- 면세품 판매는 언제 하나요?
  什么时候可以买免税品?
  shén me shí hóu kě yǐ mǎi miǎn shuì pǐn
  썬 머 쓰 호우 커 이 마이 미엔 쑤이 핀

- 카탈로그를 보여 주시겠어요?
  请给我看一下商品目录?
  qǐng gěi wǒ kàn yí xià shāng pǐn mù lù
  칭 게이 워 칸 이 씨아 쌍 핀 무 루

- 가격이 얼마예요?
  多少钱?
  duō shǎo qián
  뚜오 싸오 치엔

## Unit 02. 입국 심사

### ❶ 입국 심사관과의 대화 1

바꿔말하기

是 商务出差 。
shì (shāng wù chū chāi)
쓰 (쌍 우 츄 챠이)

<u>사업차</u> 예요.

58

입국심사 I

| | | |
|---|---|---|
| 사업차 Business<br>**商务出差**<br>shāng wù chū chāi<br>쌍 우 츄 차이 | 여행, 관광 Outing<br>**旅行, 观光**<br>lǚ xíng, guān guāng<br>뤼 씽, 꾸안 꾸앙 | 공무 Convention<br>**公务**<br>gōng wù<br>꽁 우  |
| 취업 Employment<br>**就业**<br>jiù yè<br>지우 예  | 거주 Settle down<br>**居住**<br>jū zhù<br>쥐 쭈  | 친척 방문 Visiting<br>friends of relatives<br>**探亲**<br>tàn qīn<br>탄 친  |
| 유학 Study<br>**留学**<br>liú xué<br>리우 쉬에  | 귀국 Return home<br>**回国**<br>huí guó<br>후이 꾸오  | 기타 Others<br>**其它**<br>qí tā<br>치 타  |

▶ **방문 목적에 대해**

A: 방문 목적이 무엇인가요?
　**请问您的访问目的是什么?**
　qǐng wèn nín de fǎng wèn mù dì shì shén me
　칭 원 닌 더 팡 원 무 띠 쓰 썬 머

B: (사업차)예요.
　**是(商务出差)。**
　shì (shāng wù chū chāi)
　쓰 (쌍 우 츄 차이)

## ❷ 입국 심사관과의 대화 2

호텔 에서 머물러요.
在 酒店 住。
zài (jiǔ diàn) zhù
짜이 (지우 띠엔) 쮸

### 입국심사 2

호텔
酒店
jiǔ diàn
찌우 띠엔

친척집
亲戚的家里
qīn qi de jiā lǐ
친 치 더 찌아 리

미정입니다.
还没决定。
hái méi jué dìng
하이 메이 쮀에 띵

---

▶ 체류지에 대해

A: 어디에서 머무시나요?
   您住在哪里?
   nín zhù zài nǎ lǐ
   닌 쮸 짜이 나 리

B: (호텔)에서 머뭅니다.
   在(酒店)住。
   zài (jiǔ diàn) zhù
   짜이 (지우 띠엔) 쮸

## ❸ 입국 심사관과의 대화 3

▶ 기타

A: 여권을 보여 주시겠어요.
   请给我看一下您的护照。
   qǐng gěi wǒ kàn yí xià nín de hù zhào
   칭 게이 워 칸 이 씨아 닌 더 후 쨔오

B: 여기 있습니다.
给您护照。
gěi nín hù zhào
게이 닌 후 쨔오

A: 어느 나라에서 왔나요?
请问您是从哪个国家来的?
qǐng wèn nín shì cóng nǎ ge guó jiā lái de
칭 원 닌 쓰 총 나 꺼 꾸오 찌아 라이 더

B: (한국)에서 왔어요.
我是从(韩国)来的。
wǒ shì cóng (hán guó) lái de
워 쓰 총 (한 꾸오) 라이 더

A: 며칠 정도 머물 생각인가요?
您会在中国停留几天?
nín huì zài zhōng guó tíng liú jǐ tiān
닌 후이 짜이 쫑 꾸오 팅 리우 찌 티엔

B: (일주일) 머물 거예요.
我要停留(一周)。
wǒ yào ting liú (yì zhōu)
워 야오 팅 리우 (이 쪼우)

A: 돌아가는 항공권을 가지고 있나요?
您有回程机票吗?
nín yǒu huí chéng jī piào ma
닌 요우 후이 청 찌 피아오 마

B: 네. / 아니요.
有。/ 没有。
yǒu / méi yǒu
요우 / 메이 요우

A: 현금은 얼마나 가지고 있나요?
您带了多少现金?
nín dài le duō shǎo xiàn jīn
닌 따이 러 뚜오 샤오 씨엔 찐

**B:** (300위안) 가지고 있어요.
我有(三百块钱)。
wǒ yǒu (sān bǎi kuài qián)
워 요우 (산 빠이 쿠아이 치엔)

**A:** 이 나라는 처음이세요?
第一次到这里来吗?
dì yí cì dào zhè lǐ lái ma
띠 이 츠 따오 쩌 리 라이 마

**B:** 네. / 아니오.
是。 / 不是。
shì / bú shì
쓰 / 뿌 쓰

# Unit 03. 수화물 찾기

## ❶ 수화물을 찾을 때

바꾸 말하 기 수화물을  못 찾겠어요.
我  找不到  行李。
wǒ (zhǎo bú dào) xíng li
워 (쨔오 뿌 따오) 씽 리

수화물 찾기

분실했어요.
丢了。
diū le
띠우 러

바뀌었어요.
拿错了。
ná cuò le
나 추오 러

62

▶ **수화물 찾는 곳을 물을 때**

A: 수화물 찾는 곳이 어디 있나요?
**请问在哪里取行李?**
qǐng wèn zài nǎ lǐ qǔ xíng li
칭 원 짜이 나 리 취 씽 리

B: 어느 비행기로 오셨습니까?
**请问您的航班号是多少?**
qǐng wèn nín de háng bān hào shì duō shǎo
칭 원 닌 더 항 빤 하오 쓰 뚜오 쌰오

A: E64편 비행기로 왔습니다.
**航班号是E64。**
háng bān hào shì E liù sì
항 빤 하오 쓰 이 리우 스

B: 저쪽으로 가세요.
**请往那边走。**
qǐng wǎng nà biān zǒu
칭 왕 나 삐엔 조우

### 핵심문장 익히기

· 카트가 어디 있나요?
**请问哪里有手推车?**
qǐng wèn nǎ lǐ yǒu shǒu tuī chē
칭 원 나 리 요우 쏘우 투이 처

· 유실물 관리 사무소가 어디죠?
**请问失物招领处在哪里?**
qǐng wèn shī wù zhāo lǐng chù zài nǎ lǐ
칭 원 쓰 우 쨔오 링 추 짜이 나 리

- 저의 수화물 인환증입니다.
  这是我的行李票。
  zhè shì wǒ de xíng li piào
  쩌 쓰 워 더 씽 리 피아오

- 수화물이 파손됐어요.
  我的行李破损了。
  wǒ de xíng li pò sǔn le
  워 더 씽 리 포어 쉰 러

- 수화물이 나오지 않았어요.
  我的行李还没有出来。
  wǒ de xíng li hái méi yǒu chū lai
  워 더 씽 리 하이 메이 요우 츄 라이

- 분실 신고를 할게요.
  我想要挂失。
  wǒ xiǎng yào guà shī
  워 씨앙 야오 꾸아 쓰

- 보상해 주세요.
  请赔偿。
  qǐng péi cháng
  칭 페이 챵

## ❷ 세관원과의 대화

바꿔 말하기

이것은  개인 소지품  입니다.
这是  私人物品 。
zhè shì (sī rén wù pǐn)
쩌 쓰 (스 런 우 핀)

## 개인 물품

| 개인 소지품<br>**私人物品**<br>sī rén wù pǐn<br>스 런 우 핀 |  | 선물<br>**礼物**<br>lǐ wù<br>리 우 |  |

▶ **세관원과 대화할 때**

A: 여권과 신고서를 보여 주세요.
请给我看一下护照和申报单。
qǐng gěi wǒ kàn yí xià hù zhào hé shēn bào dān
칭 게이 워 칸 이 씨아 후 쨔오 허 썬 빠오 딴

신고할 물건이 있나요?
请问您有要申报的物品吗?
qǐng wèn nín yǒu yào shēn bào de wù pǐn ma
칭 원 닌 요우 야오 썬 빠오 더 우 핀 마

B: 신고할 물건이 있습니다.
我有物品需要申报。
wǒ yǒu wù pǐn xū yào shēn bào
워 요우 우 핀 쉬 야오 썬 빠오

신고할 물건이 없습니다.
我没有物品需要申报。
wǒ méi yǒu wù pǐn xū yào shēn bào
워 메이 요우 우 핀 쉬 야오 썬 빠오

A: 가방을 열어 주시겠어요.
请把您的行李打开一下。
qǐng bǎ nín de xíng li dǎ kāi yí xià
칭 빠 닌 더 씽 리 따 카이 이 씨아

B: 이것은 (개인 소지품)입니다.
这是(私人物品)。
zhè shì (sī rén wù pǐn)
쩌 쓰 (스 런 우 핀)

65

# Unit 04. 공항에서

## ❶ 환전원과의 대화

달러 를 인민폐 로 환전해 주세요.

请帮我把 美元 换成 人民币 。

qǐng bāng wǒ bǎ (měi yuán) huàn chéng (rén mín bì)

칭 빵 워 빠 (메이 위엔) 후안 청 (런 민 삐)

동전으로 주세요.

请给我 硬币 。

qǐng gěi wǒ (yìng bì)

칭 게이 워 (잉 삐)

### 지폐와 동전

| | |
|---|---|
| 여행자 수표<br>旅行支票<br>lǚ xíng zhī piào<br>뤼 씽 쯔 피아오  | 인민폐<br>人民币<br>rén mín bì<br>런 민 삐  |
| 한화<br>韩币<br>hán bì<br>한 삐  | 달러<br>美元<br>měi yuán<br>메이 위엔  |
| 현금으로<br>以现金的形式<br>yǐ xiàn jīn de xíng shì<br>이 씨엔 찐 더 씽 쓰  | 수표로<br>以支票的形式<br>yǐ zhī piào de xíng shì<br>이 쯔 피아오 더 씽 쓰 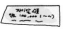 |
| 지폐로<br>以纸币的形式<br>yǐ zhǐ bì de xíng shì<br>이 쯔 삐 더 씽 쓰  | 동전으로<br>以硬币的形式<br>yǐ yìng bì de xíng shì<br>이 잉 삐 더 씽 쓰  |

▶ **환전을 할 때**

A: (달러)를 (인민폐)로 환전하려고 하는데요, 환율이 얼마예요?
我想把(美元)换成(人民币), 请问汇率是多少?
wǒ xiǎng bǎ (měi yuán) huàn chéng (rén mín bì), qǐng wèn huì lǜ shì duō shǎo
워 씨앙 빠 (메이 위엔) 후안 청 (런 민 삐), 칭 원 후이 뤼 쓰
뚜오 싸오

B: 100달러에 600위안입니다.
100美元兑换600元人民币。
yì bǎi měi yuán duì huàn liù bǎi yuán rén mín bì
이 빠이 메이 위엔 뚜이 후안 리우 빠이 위엔 런 민 삐

어떻게 바꿔 드릴까요?
请问您想要怎么换?
qǐng wèn nín xiǎng yào zěn me huàn
칭 원 닌 씨앙 야오 쩐 머 후안

A: [돈을 건네며] 다양하게 섞어 주세요.
各种面值都要。
gè zhǒng miàn zhí dōu yào
꺼 종 미엔 쯔 또우 야오

(10위안), (20위안) 섞어 주세요.
请给我(10元)和(20元)面值的人民币。
qǐng gěi wǒ (shí yuán) hé (èr shí yuán) miàn zhí de rén mín bì
칭 께이 워 (쓰 위엔) 허 (얼 쓰 위엔) 미엔 쯔 더 런 민 삐

(100위안) (5장) 주세요.
请给我(5张)(100元)的人民币。
qǐng gěi wǒ (wǔ zhāng) (yī bǎi yuán) de rén mín bì
칭 게이 워 (우 짱) (이 빠이 위엔) 더 런 민 삐

B: 신분증을 주세요.
请出示您的身份证。
qǐng chū shì nín de shēn fèn zhèng
칭 추 쓰 닌 더 썬 펀 쩡

- 환전은 어디에서 하나요?
  请问在哪里可以换钱？
  qǐng wèn zài nǎ lǐ kě yǐ huàn qián
  칭 원 짜이 나 리 커 이 후안 치엔

- 영수증을 주세요.
  请给我发票。
  qǐng gěi wǒ fā piào
  칭 게이 워 파 피아오

- 환전하려고 하는데, 중국은행이 어디에 있나요?
  我想去换钱，请问中国银行怎么走？
  wǒ xiǎng qù huàn qián, qǐng wèn zhōng guó yín háng zěn me zǒu
  워 씨앙 취 후안 치엔, 칭 원 쫑 꾸오 인 항 쩐 머 쪼우

## ❷ 관광 안내원에게 문의하기

> **바꾸어말하기**
>
> 시내지도 주세요.
> 请给我 市内地图 。
> qǐng gěi wǒ (shì nèi dì tú)
> 칭 게이 워 (쓰 네이 띠 투)
>
> 관광지도 있나요?
> 请问有 观光地图 吗？
> qǐng wèn yǒu (guān guāng dì tú) ma
> 칭 원 요우 (꾸안 꾸앙 띠 투) 마

## 여행 관련 자료

| | | |
|---|---|---|
| 지하철 노선도<br>**地铁路线图**<br>dì tiě lù xiàn tú<br>띠 티에 뤼 씨엔 투<br> | 관광지도<br>**观光地图**<br>guān guāng dì tú<br>꾸안 꾸앙 띠 투<br> | 여행안내자료<br>**观光信息资料**<br>guān guāng xìn xī zī liào<br>꾸안 꾸앙 씬 씨 즈 리아오<br> |
| 한국어 팸플릿<br>**韩国语手册**<br>hán guó yǔ shǒu cè<br>한 꾸오 위 쏘우 처 | 시내지도<br>**市内地图**<br>shì nèi dì tú<br>쓰 네이 띠 투 | 버스 시간표<br>**公交车时间表**<br>gōng jiāo chē shí jiān biǎo<br>꽁 찌아오 처 쓰 찌엔 삐아오 |
| 버스 노선도<br>**公交车路线图**<br>gōng jiāo chē lù xiàn tú<br>꽁 찌아오 처 뤼 씨엔 투 | 호텔 리스트<br>**酒店名单**<br>jiǔ diàn míng dān<br>찌우 띠엔 밍 딴 | 버스 투어 안내서<br>**观光巴士指南**<br>guān guāng bā shì zhǐ nán<br>꾸안 꾸앙 빠 쓰 쯔 난 |

▶ **지하철 노선도 등을 달라고 할 때**

A: (지하철 노선도) 있나요?
　 **请问有(地铁路线图)吗?**
　 qǐng wèn yǒu (dì tiě lù xiàn tú) ma
　 칭 원 요우 (띠 티에 뤼 씨엔 투) 마

B: 있습니다. / 없습니다.
　 **有。 / 没有。**
　 yǒu / méi yǒu
　 요우 / 메이 요우

• ～가는 교통편을 알려 주세요.

请告诉我去～的交通信息。

qǐng gào sù wǒ qù ~ de jiāo tōng xìn xī

칭 까오 수 워 취 ～ 더 지아오 통 씬 시

• 여기에서 호텔을 예약할 수 있나요?

可以在这里预订酒店吗?

ké yǐ zài zhè lǐ yù dìng jiǔ diàn ma

커 이 짜이 쩌 리 위 띵 지우 띠엔 마

• 한국어로 된 것 있나요?

有韩文版的吗?

yǒu hán wén bǎn de ma

요우 한 원 빤 더 마

• 한국어 하시는 분 계세요?

请问有会讲韩国语的人吗?

qǐng wèn yǒu huì jiǎng hán guó yǔ de rén ma

칭 원 요우 후이 찌앙 한 꾸오 위 더 런 마

| 핵심 단어 | | | |
|---|---|---|---|
| 출발 입구<br>出发入口<br>chū fā rù kǒu<br>추 파 루 코우 | 도착 입구<br>到达入口<br>dào dá rù kǒu<br>따오 따 루 코우 | 탑승 입구<br>搭乘入口<br>dā chéng rù kǒu<br>따 청 루 코우 | 국내선<br>国内线<br>guó nèi xiàn<br>꾸오 네이 씨엔 |
| 탑승수속 중<br>办理登机中<br>bàn lǐ dēng jī zhōng<br>빤 리 떵 지 쫑 | 환승 비행기<br>换乘飞机<br>huàn chéng fēi jī<br>후안 청 페이 지 | 지연<br>延迟<br>yán chí<br>이엔 츠 | 공석 대기<br>空位待机<br>kōng wèi dài jī<br>콩 웨이 따이 지 |

70

# Chapter 02 교통

## Unit 01. 장소나 길 묻기

### ❶ 장소를 찾을 때

바꿔말하기

리무진버스 정류장 이 어디에 있나요?

请问 机场巴士站 在哪里?

qǐng wèn (jī chǎng bā shì zhàn) zài nǎ lǐ

칭 원 (찌 챵 빠 쓰 짠) 짜이 나 리

근처에 매표소 가 있나요?

附近有 售票厅 吗?

fù jìn yǒu (shòu piào tīng) ma

푸 찐 요우 (쏘우 피아오 팅) 마

대중교통, 공용시설

| 시외버스 터미널 | 관광버스 터미널 | 여객 터미널(선박) |
|---|---|---|
| 汽车站<br>qì chē zhàn<br>치 처 짠 <br>客运站<br>kè yùn zhàn<br>커 윈 짠<br>汽车总站<br>qì chē zǒng zhàn<br>치 처 쫑 짠 | 观光巴士站<br>guān guāng bā shì zhàn<br>꾸안 꾸앙 빠 쓰 짠<br> | 客运港口(船)<br>kè yùn gǎng kǒu<br>(chuán)<br>커 윈 깡 코우 (추안) |
| 리무진버스 정류장 | 버스 정류장 | 택시 정류장 |
| 机场巴士站<br>jī chǎng bā shì zhàn<br>찌 챵 빠 쓰 짠<br> | 公交车站<br>gōng jiāo chē zhàn<br>꽁 찌아오 처 짠 | 出租车招停点<br>chū zū chē zhāo tíng<br>diǎn<br>추 쭈 처 짜오 팅 띠엔  |

71

| | | |
|---|---|---|
| 공항<br>**机场** <br>jī chǎng<br>찌 챵 | 열차역<br>**火车站** <br>huǒ chē zhàn<br>후오 처 짠 | 지하철역<br>**地铁站** <br>dì tiě zhàn<br>띠 티에 짠 |
| 주차장<br>**停车场** <br>tíng chē chǎng<br>팅 처 챵 | 비상구<br>**安全出口** <br>ān quán chū kǒu<br>안 취엔 추 코우 | 엘리베이터<br>**电梯** <br>diàn tī<br>띠엔 티 |
| 매표소<br><br>**售票厅**<br>shòu piào tīng<br>쏘우 피아오 팅 | 자전거 대여점 <br>**自行车租赁店**<br>zì xíng chē zū lìn diàn<br>즈 씽 처 쭈 린 띠엔 | 렌트카 대여소 <br>**汽车租赁店**<br>qì chē zū lìn diàn<br>치 처 쭈 린 띠엔 |
| 입구 / 출구 <br>**入口 / 出口**<br>rù kǒu / chū kǒu<br>루 코우 / 추 코우  | 예약 창구 <br>**预约窗口**<br>yù yuē chuāng kǒu<br>위 위에 추앙 코우 | 환불 창구<br>**退票窗口**<br>tuì piào chuāng kǒu<br>투이 피아오 추앙 코우 |

## 핵심문장 익히기

- 말씀 좀 묻겠습니다.
  麻烦问一下。
  má fán wèn yí xià
  마 판 원 이 샤

- ~까지 어떻게 가나요?
  到 ~ 怎么走?
  dào ~ zěn me zǒu
  따오 ~ 쩐 머 쪼우

- ~까지 가는데 시간이 얼마나 걸리나요?

  到~需要多长时间?

  dào ~ xū yào duō cháng shí jiān

  짜오 ~ 쉬 야오 뚜오 챵 쓰 찌엔

- 걸어서 갈 수 있나요?

  走路能到吗?

  zǒu lù néng dào ma

  조우 루 넝 따오 마

- 걸어서 얼마나 걸리나요?

  走路多久能到?

  zǒu lù duō jiǔ néng dào

  조우 루 뚜오 찌우 넝 따오

- 여기서 먼가요? (멀어요 / 가까워요)

  离这里远吗? (远 / 近)

  lí zhè lǐ yuǎn ma (yuǎn / jìn)

  리 쩌 리 위엔 마 (위엔 / 찐)

## ❷ 길을 찾을 때

바꿔 말하기

여기에서 직진하세요.

从这里 直走。

(cóng zhè lǐ) zhí zǒu

(총 쩌 리) 쯔 쪼우

전봇대에서 도세요.

在电线杆那里 转弯。

(zài diàn xiàn gān nà lǐ) zhuǎn wān

(짜이 띠엔 씨엔 깐 나 리) 쭈안 완

73

## 방향, 장소

| | | |
|---|---|---|
| 동서남북<br>**东西南北**<br>dōng xī nán běi<br>똥 씨 난 뻬이<br> | 여기 / 저기(에서)<br>**(在)这里 / 那里**<br>(zài) zhè lǐ / nà lǐ<br>(짜이) 쩌 리 / 나 리<br> | 사거리에서<br>**在十字路口那里**<br>zài shí zì lù kǒu nà lǐ<br>짜이 쓰 즈 루 코우 나 리<br> |
| 건물에서<br>**在大楼那里**<br>zài dà lóu nà lǐ<br>짜이 따 로우 나 리<br> | 골목에서<br>**在巷子那里**<br>zài xiàng zi nà lǐ<br>짜이 씨앙 즈 나 리<br> | 모퉁이에서<br>**在拐角处那里**<br>zài guǎi jiǎo chù nà lǐ<br>짜이 꾸아이 찌아오 추 나 리<br> |
| 삼거리에서<br>**在三岔路口那里**<br>zài sān chà lù kǒu nà lǐ<br>짜이 산 챠 루 코우 나 리<br> | 이쪽 / 저쪽 / 오른쪽 / 왼쪽 / 앞 / 뒤(에서)<br>**(在)这边 / 那边 / 右边 / 左边 / 前边 / 后边**<br>(zài) zhè biān / nà biān / yòu biān / zuǒ biān / qián biān / hòu biān<br>(짜이) 쩌 삐엔 / 나 삐엔 / 요우 삐엔 / 쭈오 삐엔 / 치엔 삐엔 / 호우 삐엔 | |

---

바꾸어 말하기

다리를 건너세요.
**请过 桥 。**
qǐng guò (qiáo)
칭 꾸오 (치아오)

도와주세요, 길을 잃어 버렸어요 .
**请帮我一下, 我迷路了 。**
qǐng bāng wǒ yí xià, (wǒ mí lù le)
칭 빵 워 이 씨아, (워 미 루 러)

74

횡단보도
**人行横道**
rén xíng héng dào
런 씽 헝 따오

신호등
**红绿灯**
hóng lǜ dēng
홍 뤼 떵

길을 잃어 버렸어요.
**我迷路了。**
wǒ mí lù le
워 미 루 러

여기가 어딘지 모르겠어요.
**我不知到这是哪里。**
wǒ bù zhī dào zhè shì nǎ lǐ
워 뿌 쯔 따오 쩌 쓰 나 리

교통

---

▶ **길을 물을 때**

A: 여기 가려면 어떻게 가야 하나요?
**去这里的话, 怎么走?**
qù zhè li de huà, zěn me zǒu
취 쩌 리 더 후아, 쩐머 쪼우

B: (이쪽에서) 직진하다가 (다리) 건너세요.
**(从这里)直走之后过(桥)。**
(cóng zhè lǐ) zhí zǒu zhī hòu guò (qiáo)
(총 쩌리) 쯔 쪼우 쯔 호우 꾸오 (치아오)

A: 걸어가기에 가까운 거리입니까?
**我走着去的话很近吗?**
wǒ zǒu zhe qù de huà hěn jìn ma
워 쪼우 쩌 취 더 후아 헌 찐 마

B: 네, 걸어갈 수 있습니다. / 아니요, 차를 타야 합니다.
**是的, 走着去的话很近。/ 不行, 要坐车才能去。**
shì de, zǒu zhe qù de huà hěn jìn / bù xíng, yào zuò chē cái néng qù
쓰 더, 쪼우 쩌 취 더 후아 헌 찐 / 뿌 씽, 야오 쭈오 처 차이 넝 취

A: 감사합니다.
**谢谢您。**
xiè xie nín
씨에 씨에 닌

75

B: 그냥, 제가 데려다 드릴게요. 저를 따라 오세요.
我带您去好了。请跟我来。
wǒ dài nín qù hǎo le. qǐng gēn wǒ lái
워 따이 닌 취 하오 러. 칭 껀 워 라이

## 핵심문장 익히기

- 차를 잘못 탔어요.
乘错车了。
chéng cuò chē le
청 추오 처 러

- 여기가 어디인가요?
这里是哪里?
zhè lǐ shì nǎ lǐ
쩌 리 쓰 나 리

- 지도에 위치를 알려 주세요.
请问在地图的哪个位置。
qǐng wèn zài dì tú de nǎ ge wèi zhì
칭 원 짜이 띠 투 더 나 거 웨이 쯔

- 약도를 그려 주세요.
请画一下略图。
qǐng huà yí xià lüè tú
칭 후아 이 씨아 뤼에 투

- 도와주셔서 감사합니다.
非常感谢您的帮助。
fēi cháng gǎn xiè nín de bāng zhù
페이 챵 깐 씨에 닌 더 빵 주

# Unit 02. 택시

바꿔말하기

이곳 으로 가 주세요, 아시겠지요?
请载我去 这个地方 ，你明白了吗？
qǐng zǎi wǒ qù (zhè ge dì fang), nǐ míng bai le ma
칭 짜이 워 취 (쩌 거 띠 팡), 니 밍 빠이 러 마

## 장소

이곳
这个地方
zhè ge dì fang
쩌 거 띠 팡

가까운 길
近路
jìn lù
찐 루

▶ 택시를 탈 때

A: 택시!
　出租车!
　chū zū chē
　추 쭈 처

B: 어디까지 가세요?
　请问您去哪里？
　qǐng wèn nín qù nǎ lǐ
　칭 원 닌 취 나 리

A: (이곳)으로 가주세요, 아시겠어요?
　请带我去(这个地方), 您知道吗？
　qǐng dài wǒ qù (zhè ge dì fang), nín zhī dào ma
　칭 따이 워 취 (쩌 꺼 띠 팡), 닌 쯔 따오 마

B: 어떤 길로 갈까요?
　您走哪条路？
　nín zǒu nǎ tiáo lù
　닌 쪼우 나 티아오 루

**A:** 3호선을 경유해서 가 주세요.

请走经由三号线的路线。

qǐng zǒu jīng yóu sān hào xiàn de lù xiàn

칭 쪼우 찡 요우 산 하오 씨엔 더 루 씨엔

여기서 세워 주세요.

请停在这里。

qǐng tíng zài zhè lǐ

칭 팅 짜이 쩌 리

얼마예요?

请问一共多少钱?

qǐng wèn yí gòng duō shǎo qián

칭 원 이 꽁 뚜오 싸오 치엔

영수증을 주세요.

请给我发票。

qǐng gěi wǒ fā piào

칭 게이 워 파 피아오

## 핵심문장 익히기

· 트렁크를 열어 주세요.

请把后备箱打开。

qǐng bǎ hòu bèi xiāng dǎ kāi

칭 빠 호우 뻬이 씨앙 따 카이

· 서둘러 주세요.

请快一点。

qǐng kuài yì diǎn

칭 쿠아이 이 띠엔

- 여기에서 기다려 주세요.

  请在这里稍等一下。

  qǐng zài zhè lǐ shāo děng yí xià

  칭 짜이 쩌 리 싸오 떵 이 씨아

- 택시를 불러 주세요.

  请帮我叫出租车。

  qǐng bāng wǒ jiào chū zū chē

  칭 빵 워 찌아오 추 쭈 처

- 거스름돈을 주세요.

  请找钱。

  qǐng zhǎo qián

  칭 쨔오 치엔

- 거스름돈은 됐어요.

  不用找钱了。

  bú yòng zhǎo qián le

  뿌 용 쨔오 치엔 러

- 거스름돈이 모자라요.

  找钱找少了。

  zhǎo qián zhǎo shǎo le

  쨔오 치엔 쨔오 싸오 러

택시 렌탈

- 오늘 하루 렌탈 할 택시를 찾고 있어요.

  今天我想包一天车。

  jīn tiān wǒ xiǎng bāo yì tiān chē

  찐 티엔 워 씨앙 빠오 이 티엔 처

- 하루 빌리는 데 얼마예요?

  请问包一天车多少钱？

  qǐng wèn bāo yì tiān chē duō shǎo qián

  칭 원 빠오 이 티엔 처 뚜오 싸오 치엔

- 얼마까지 깎아 주실 수 있어요?
  请问能便宜多少?
  qǐng wèn néng pián yi duō shǎo
  칭 원 넝 피엔 이 뚜오 싸오

- 싸게 해 주면 빌릴게요.
  如果能便宜的话我就租。
  rú guǒ néng pián yi de huà wǒ jiù zū
  루 꾸오 넝 피엔 이 더 후아 워 찌우 쭈

# Unit 03. 버스

## ❶ 시내버스

이것은  일반버스  입니다.
这是  一般公交车 。
zhè shì (yì bān gōng jiāo chē)
쩌 스 (이 빤 꽁 지아오 처)

### 버스 종류 I

| | |
|---|---|
| 일반버스<br>**一般公交车**<br>yì bān gōng jiāo chē<br>이 빤 꽁 찌아오 처  | 트롤리버스<br>**无轨电车**<br>wú guǐ diàn chē<br>우 꾸이 띠엔 처  |
| 이층버스<br>**双层公交车**<br>shuāng céng gōng jiāo chē<br>쑤앙 청 꽁 찌아오 처  | 소형버스<br>**小型客车**<br>xiǎo xíng kè chē<br>씨아오 씽 커 처  |

# 핵심문장 익히기

- 어디에서 버스카드를 사나요?

  请问在哪里买公交卡?

  qǐng wèn zài nǎ lǐ mǎi gōng jiāo kǎ

  칭 원 짜이 나 리 마이 꽁 찌아오 카

- 어디에서 버스카드를 충전하나요?

  请问公交卡在哪里充值?

  qǐng wèn gōng jiāo kǎ zài nǎ lǐ chōng zhí

  칭 원 꽁 찌아오 카 짜이 나 리 총 쯔

- ~에 가려면 몇 번 버스를 타야 하나요?

  请问去~，应该坐几路公交车?

  qǐng wèn qù ~, yīng gāi zuò jǐ lù gōng jiāo chē

  칭 원 취 ~, 잉 까이 쭈오 찌 루 꽁 찌아오 처

- 이 버스 ~에 갑니까?

  请问这路公交车去~吗?

  qǐng wèn zhè lù gōng jiāo chē qù ~ ma

  칭 원 쩌 루 꽁 찌아오 처 취 ~ 마

- ~에 가는 표 주세요.

  请给我去~的票。

  qǐng gěi wǒ qù ~ de piào

  칭 게이 워 취 ~ 더 피아오

- ~에 가는데 어디에서 내리나요?

  去~应该在哪里下?

  qù ~ yīng gāi zài nǎ lǐ xià

  취 ~ 잉 까이 짜이 나 리 씨아

- ~에 가려면 갈아타야 하나요?

  去~需要换乘吗?

  qù ~ xū yào huàn chéng ma

  취 ~ 쉬 야오 후안 청 마

- ~에 가려면 어디에서 갈아타나요?

  去~应该在哪里换乘?

  qù ~ yīng gāi zài nǎ lǐ huàn chéng

  취 ~ 잉 까이 짜이 나 리 후안 청

- ~에 도착하면 알려 주세요.

  到~的时候, 请告诉我。

  dào ~ de shí hou, qǐng gào sù wǒ

  따오 ~ 더 쓰 호우, 칭 까오 수 워

- 여기에서 내려요.

  在这里下。

  zài zhè lǐ xià

  짜이 쩌 리 씨아

### ❷ 시외버스

력셔리버스 표를 주시겠어요?

请给我 豪华大巴 票?

qǐng gěi wǒ (háo huá dà bā) piào

칭 게이 워 (하오 후아 따 빠) 피아오

## 버스 종류 2

| | | |
|---|---|---|
| 럭셔리버스<br>**豪华大巴**<br>háo huá dà bā<br>하오 후아 따 빠<br> | 에어컨버스<br>**空调大巴**<br>kōng tiáo dà bā<br>콩 티아오 따 빠<br> | 침대버스<br>**卧铺大巴**<br>wò pù dà bā<br>워 푸 따 빠<br> |
| 대형버스<br>**大型巴士**<br>dà xíng bā shì<br>따 씽 빠 쓰<br> | 중형버스<br>**中型巴士**<br>zhōng xíng bā shì<br>쭝 씽 빠 쓰<br> | 소형버스<br>**小型巴士**<br>xiǎo xíng bā shì<br>씨아오 씽 빠 쓰<br> |

▶ **버스표를 구입할 때**

A: 북경 가는 제일 빠른 차 몇 시에 있나요?
**最快一班到北京的车是几点的?**
zuì kuài yì bān dào běi jīng de chē shì jǐ diǎn de
쭈이 쿠아이 이 빤 따오 뻬이 찡 더 처 쓰 지 띠엔 더

B: 2시에 있어요.
**是两点的。**
shì liǎng diǎn de
쓰 리앙 띠엔 더

A: (럭셔리버스) 표 2장 주세요.
**请给我两张(豪华大巴)票。**
qǐng gěi wǒ liǎng zhāng (háo huá dà bā) piào
칭 게이 워 리앙 짱 (하오 후아 따 빠) 피아오

B: 보험에 가입하시겠어요?
**需要购买保险吗?**
xū yào gòu mǎi bǎo xiǎn ma
쉬 야오 꼬우 마이 빠오 씨엔 마

83

A: 네, 가입해 주세요.
是, 我需要保险。
shì, wǒ xū yào bǎo xiǎn
쓰, 워 쉬 야오 빠오 씨엔

필요 없어요.
我不需要保险。
wǒ bù xū yào bǎo xiǎn
워 뿌 쉬 야오 빠오 씨엔

## 핵심문장 익히기

· 대기실이 어디인가요?
请问候车大厅在哪里?
qǐng wèn hòu chē dà tīng zài nǎ lǐ
칭 원 호우 처 따 팅 짜이 나 리

· 이 차는 고속도로로 가나요?
这个车走高速吗?
zhè ge chē zǒu gāo sù ma
쩌 거 처 쪼우 까오 수 마

· 직행버스인가요?
是直达大巴吗?
shì zhí dá dà bā ma
쓰 쯔 따 따 빠 마

### 핵심 단어

| 고속버스 | 직행버스 | 화장실 딸린 버스 |
|---|---|---|
| 高速大巴 | 直达大巴 | 有卫生间的大巴 |
| gāo sù dà bā | zhí dá dà bā | yǒu wèi shēng jiān de dà bā |
| 까오 수 따 빠 | 쯔 따 따 빠 | 요우 웨이 썽 찌엔 더 따 빠 |

| 매일 | 격일 | 수시로 (사람이 차면 떠남) |
|---|---|---|
| 每日一班 | 隔日一班 | 随时 |
| měi rì yì bān | gé rì yì bān | suí shí |
| 메이 르 이 빤 | 꺼 르 이 빤 | 수이 쓰 |

## ❸ 관광버스 투어

바꾸말하기

당일치기 관광버스 투어 있나요?

有没有观光巴士 当日 游?

yǒu méi yǒu guān guāng bā shì (dāng rì) yóu

요우 메이 요우 꾸안 꾸앙 빠 쓰 (땅 르) 요우

### 기간

| 반나절 | 당일치기 | 2일 | 3일 |
|---|---|---|---|
| 半日 | 当日 | 两日 | 三日 |
| bàn rì | dāng rì | liǎng rì | sān rì |
| 빤 르 | 땅 르 | 리앙 르 | 산 르 |

바꾸말하기

오전 관광버스 투어 있나요?

有没有 上午 的巴士半日游?

yǒu méi yǒu (shàng wǔ) de bā shì bàn rì yóu

요우 메이 요우 (쌍 우) 더 빠 쓰 빤 르 요우

### 시간

| 오전 | | 오후 | |
|---|---|---|---|
| 上午 | | 下午 | |
| shàng wǔ |  | xià wǔ |  |
| 쌍 우 | | 씨아 우 | |

85

A: 오늘 관광투어 할 수 있나요?
今天能参加观光旅游吗?
jīn tiān néng cān jiā guān guāng lǚ yóu ma
찐 티엔 넝 찬 찌아 꾸안 꾸앙 뤼 요우 마

B: 네, 가능해요.
是的, 可以。
shì de, kě yǐ
쓰 더, 커 이

A: (당일치기) 관광버스 투어 있나요?
有没有观光巴士(当日)游?
yǒu méi yǒu guān guāng bā shì (dāng rì) yóu
요우 메이 요우 꾸안 꾸앙 빠 쓰 (땅 르) 요우

B: 네, 투어에 참가하시겠습니까?
是的, 您要参加吗?
shì de, nín yào cān jiā ma
쓰 더, 닌 야오 찬 찌아 마

A: 네, 투어에 참가하고 싶어요.
是的, 我想参加。
shì de, wǒ xiǎng cān jiā
쓰 더, 워 씨앙 찬 찌아

B: 어떤 투어에 참가하시겠어요?
你想参加什么旅行?
nǐ xiǎng cān jiā shén me lǚ xíng
니 씨앙 찬 찌아 썬 머 뤼 씽

A: 시내관광을 하고 싶어요.
我想在市内旅游。
wǒ xiǎng zài shì nèi lǚ yóu
워 씨앙 짜이 쓰 네이 뤼 요우

## 핵심문장 익히기

출발 전 문의

- 야간 관광버스 투어 있나요?

有没有夜间观光巴士游？

yǒu méi yǒu yè jiān guān guāng bā shì yóu

요우 메이 요우 예 찌엔 꾸안 꾸앙 빠 쓰 요우

- 어디 가는 투어인가요? *장소를 물어볼 때

请问这是去哪里的旅游路线？

qǐng wèn zhè shì qù nǎ lǐ de lǚ yóu lù xiàn

칭 원 쩌 쓰 취 나 리 더 뤼 요우 루 씨엔

- 일정을 알려 주세요.

请您给我说一下日程安排。

qǐng nín gěi wǒ shuō yí xià rì chéng ān pái

칭 닌 게이 워 쑤오 이 씨아 르 청 안 파이

- 신청은 어디에서 하나요?

在哪里报名？

zài nǎ lǐ bào míng

짜이 나 리 빠오 밍

- 출발은 언제 하나요?

什么时候出发？

shén me shí hou chū fā

썬 머 쓰 호우 추 파

- 출발은 어디에서 하나요?

从什么地方出发？

cóng shén me dì fang chū fā

총 썬 머 띠 팡 추 파

- 몇 시에 출발하나요?

  几点出发?

  jǐ diǎn chū fā

  찌 띠엔 추 파

- 몇 시에 돌아오나요?

  几点回来?

  jǐ diǎn huí lái

  찌 띠엔 후이 라이

- 몇 시간 걸리나요?

  要花几个小时?

  yào huā jǐ ge xiǎo shí

  야오 후아 찌 거 씨아오 쓰

- 식사가 포함되나요?

  包饭吗?

  bāo fàn ma

  빠오 판 마

- 요금은 얼마인가요?

  费用是多少?

  fèi yòng shì duō shǎo

  페이 용 쓰 뚜오 싸오

- 한국인 가이드는 있나요?

  有韩国导游吗?

  yǒu hán guó dǎo yóu ma

  요우 한 꾸오 따오 요우 마

버스 안에서

- 여기에서 얼마나 머무나요?

  在这停留多久?

  zài zhè tíng liú duō jiǔ

  짜이 쩌 팅 리우 뚜오 찌우

88

- 자유시간은 있나요?

有自由活动的时间吗?

yǒu zì yóu huó dòng de shí jiān ma

요우 즈 요우 후오 똥 더 쓰 찌엔 마

- 몇 시에 버스로 돌아오면 되나요?

可以乘几点的巴士回来呢?

ké yǐ chéng jǐ diǎn de bā shì huí lái ne

커 이 청 찌 띠엔 더 빠 쓰 후이 라이 너

# Unit 04. 지하철

바꿔 말하기

이것은 ［ 1호선 ］입니다.

这是 ［ 一号线 ］。

zhè shì (yī hào xiàn)

쩌 쓰 (이 하오 씨엔)

### 지하철 노선

| 1호선 | 2호선 | 3호선 |
|---|---|---|
| **1号线** | **2号线** | **3号线** |
| yī hào xiàn | èr hào xiàn | sān hào xiàn |
| 이 하오 씨엔 | 얼 하오 씨엔 | 산 하오 씨엔 |
| 4호선 | 5호선 | 6호선 |
| **4号线** | **5号线** | **6号线** |
| sì hào xiàn | wǔ hào xiàn | liù hào xiàn |
| 스 하오 씨엔 | 우 하오 씨엔 | 리우 하오 씨엔 |
| 7호선 | 8호선 | 9호선 |
| **7号线** | **8号线** | **9号线** |
| qī hào xiàn | bā hào xiàn | jiǔ hào xiàn |
| 치 하오 씨엔 | 빠 하오 씨엔 | 지우 하오 씨엔 |

- 지하철 노선도를 어디에서 구할 수 있나요?

  **哪里有地铁路线图？**

  nǎ lǐ yǒu dì tiě lù xiàn tú

  나 리 요우 띠 티에 루 씨엔 투

- 지하철 노선도 있나요?

  **有地铁路线图吗？**

  yǒu dì tiě lù xiàn tú ma

  요우 띠 티에 뤼 씨엔 투 마

- 자동매표기가 어디 있나요?

  **哪里有自动卖票机？**

  nǎ lǐ yǒu zì dòng mài piào jī

  나 리 요우 즈 똥 마이 피아오 찌

- 자동매표기를 어떻게 이용하나요?

  **怎么使用自动卖票机？**

  zěn me shǐ yòng zì dòng mài piào jī

  전 머 쓰 용 즈 똥 마이 피아오 찌

- ～까지 얼마예요?

  **去～多少钱？**

  qù ~ duō shǎo qián

  취 ~ 뚜오 쌰오 치엔

- ～가려면 몇 호선을 타야 하나요?

  **去～应该乘几号线？**

  qù ~ yīng gāi chéng jǐ hào xiàn

  취 ~ 잉 까이 청 찌 하오 씨엔

- ～에 가는 지하철 맞나요?

  这是去～的地铁吗?

  zhè shì qù ~ de dì tiě ma

  쩌 쓰 취 ～ 더 띠 티에 마

- ～에 가려면 어디에서 내려야 하나요?

  去～应该在哪里下?

  qù ~ yīng gāi zài nǎ lǐ xià

  취 ～ 잉 까이 짜이 나 리 씨아

- ～에 가려면 어디에서 갈아타나요?

  去～应该在哪里换乘?

  qù ~ yīng gāi zài nǎ lǐ huàn chéng

  취 ～ 잉 까이 짜이 나 리 후안 청

- ～에 가려면 몇 번 출구로 나가야 하나요?

  去～应该从几号口出去?

  qù ~ yīng gāi cóng jǐ hào kǒu chū qù

  취 ～ 잉 까이 총 찌 하오 코우 추 취

- ～에 가려면 어느 쪽에서 타야 하나요?

  去～应该乘哪个方向的车?

  qù ~ yīng gāi chéng nǎ ge fāng xiàng de chē

  취 ～ 잉 까이 청 나 거 팡 씨앙 더 처

- 표를 잃어버렸어요.

  我的票丢了。

  wǒ de piào diū le

  워 더 피아오 띠우 러

- 첫차(막차)는 몇 시인가요?

  首班(末班)车是几点?

  shǒu bān (mò bān) chē shì jǐ diǎn

  쏘우 빤 (모어 빤) 처 쓰 찌 띠엔

# Unit 05. 열차

## ❶ 열차 시간표

| 车次 | 类型 | 出发站 | 开车时间 | 到达站 | 到达时间 | 用时 | 里程 | 硬座 | 软座 | 硬卧 | 软卧 |
|---|---|---|---|---|---|---|---|---|---|---|---|
| 1461 | 普快 | 北京 | 14:30 | 上海 | 14:32 | 24小时2分 | 1463 | 88 | 0 | 190 | 0 |
| 1905 | 普快 | 北京 | 01:38 | 上海 | 00:48 | 23小时10分 | 1463 | 137 | 0 | 267 | 397 |
| 1907 | 普快 | 北京 | 01:25 | 上海 | 23:59 | 22小时34分 | 1463 | 137 | 0 | 267 | 397 |
| D31 | 动车组 | 北京 | 10:50 | 上海 | 20:49 | 9小时59分 | 1463 | 0 | 0 | 0 | 0 |
| K255/K258 | 空调快速 | 北京西 | 00:38 | 上海 | 18:15 | 17小时45分 | 1453 | 104 | 0 | 188 | 412 |

### 핵심문장 익히기

- 열차 시간표 어디에 있나요?

  哪里有列车时刻表?

  nǎ lǐ yǒu liè chē shí kè biǎo

  나 리 요우 리에 처 쓰 커 삐아오

- 열차 시간표 주세요.

  请给我列车时刻表。

  qǐng gěi wǒ liè chē shí kè biǎo

  칭 게이 워 리에 처 쓰 커 삐아오

## ❷ 열차표 예약, 구입

### 1. 열차표 예약

대리 매표소 가 어디 있나요?

哪里有 代理卖票点 ?

nǎ lǐ yǒu (dài lǐ mài piào diǎn)

나 리 요우 (따이 리 마이 피아오 띠엔)

## 열차 대합실

| 매표소<br>**售票厅**<br>shòu piào tīng<br>쏘우 피아오 팅<br> | 외국인 전용 매표소<br>**外国人专用售票厅**<br>wài guó rén zhuān yòng<br>shòu piào tīng<br>와이 꾸오 런 쭈안 용 쏘우<br>피아오 팅<br> | 열차표 대행업소<br>**火车票代售点**<br>huǒ chē piào dài shòu diǎn<br>후오 처 피아오 따이<br>쏘우 띠엔 |
|---|---|---|
| 짐 보관소<br>**行李寄存处**<br>xíng lǐ jì cún chù<br>씽 리 찌 춘 츄<br> | 대기실<br>**候车大厅**<br>hòu chē dà tīng<br>호우 처 따 팅<br> | 화장실<br>**卫生间**<br>wèi shēng jiān<br>웨이 셩 찌엔<br>  |
| 안내소<br>**咨询台**<br>zī xún tái<br>즈 쉰 타이<br> | 열차 플랫폼<br>**站台**<br>zhàn tái<br>짠 타이<br> | 플랫폼 안의 매표소<br>**站台票售票口**<br>zhàn tái piào shòu piào kǒu<br>짠 타이 피아오 쏘우 피아오<br>코우 |

## 2. 열차표 구입

바꿔말하기

14일, 오후 2시, 2층 연와, 상해로 가는 열차표 2장 주세요.

请给我 两张14号下午两点2层去上海的软卧票 。

qǐng gěi wǒ (liǎng zhāng shí sì hào xià wǔ liǎng
diǎn èr céng qù shàng hǎi de ruǎn wò piào)

칭 게이 워 (리앙 짱 쓰 스 하오 씨아 우 리앙 띠엔 얼 청 취 쌍
하이 더 루안 워 피아오)

## 열차 종류

### 자기부상열차
**磁悬浮列车**
cí xuán fú liè chē
츠 쉬엔 푸 리에 처

### 초고속열차 / D, G 열차
**动车**
dòng chē
똥 처

### 무정차 열차, 직행 열차
**直达列车**
zhí dá liè chē
쯔 따 리에 처

### 특급열차, T 열차
**特快列车**
tè kuài liè chē
터 쿠아이 리에 처

### 쾌속열차, K 열차
**快车**
kuài chē
쿠아이 처

### 보통열차
**普通列车**
pǔ tōng liè chē
푸 통 리에 처

## 객차 등급

### 보통석
**普通座**
pǔ tōng zuò
푸 통 쭈오

### 귀빈석
**贵宾座**
guì bīn zuò
꾸이 삔 쭈오

### 연와
**软卧**
ruǎn wò
루안 워

### 경와
**硬卧**
yìng wò
잉 워

### 연좌
**软座**
ruǎn zuò
루안 쭈오

### 경좌
**硬座**
yìng zuò
잉 쭈오

## 기타

### 입석표
**站票**
zhàn piào
짠 피아오

### 에어컨
**空调**
kōng tiáo
콩 티아오

### 편도
**单程**
dān chéng
딴 청

### 열차번호
**列车班次**
liè chē bān cì
리에 처 빤 츠

### 왕도
**往返**
wǎng fǎn
왕 판

### 3층 침대
**上铺**
shàng pù
쌍 푸

### 2층 침대
**中铺**
zhōng pù
쭝 푸

### 1층 침대
**下铺**
xià pù
씨아 푸

## ▶ 열차표를 구입할 때

A: 상해 가는 열차가 몇 시에 있나요?
请告诉我几点有去上海的列车?
qǐng gào sù wǒ jǐ diǎn yǒu qù shàng hǎi de liè chē
칭 까오 쑤 워 찌 띠엔 요우 취 쌍 하이 더 리에 처

B: 14일 오후 2시, 15일 오후 4시 연와, 경좌 자리만 있습니다.
只剩下14号下午两点, 15号下午四点的软卧和硬座了。
zhǐ shèng xià shí sì hào xià wǔ liǎng diǎn, shí wǔ hào xià wǔ sì diǎn de
ruǎn wò hé yìng zuò le
쯔 썽 씨아 쓰 스 하오 씨아 우 리앙 띠엔, 쓰 우 하오 씨아 우
스 띠엔 더 루안 워 허 잉 쭈오 러

A: (14일, 오후 2시, 2층 연와, 상해 가는 열차표 2장) 주세요.
열차표가 얼마입니까?
请给我(两张14号下午两点2层去上海的软卧票)。请问
一共多少钱?
qǐng gěi wǒ (liǎng zhāng shí sì hào xià wǔ liǎng diǎn èr céng qù shàng
hǎi de ruǎn wò piào). qǐng wèn yí gòng duō shǎo qián.
칭 게이 워 (리앙 짱 쓰 스 하오 씨아 우 리앙 띠엔 얼 청 취 쌍
하이 더 루안 워 피아오). 칭 원 이 꽁 뚜오 싸오 치엔

### 핵심 단어

| 도착지<br>**目的地**<br>mù dì dì<br>무 띠 띠 | 날짜<br>**日期**<br>rì qī<br>르 치 | 열차번호<br>**列车班次**<br>liè chē bān cì<br>리에 처 빤 츠 |
|---|---|---|
| 침대<br>**软卧**<br>ruǎn wò<br>루안 워 | 인원<br>**人员数**<br>rén yuán shù<br>런 위엔 쑤 | 열차표<br>**火车票**<br>huǒ chē piào<br>후오 처 피아오 |

### ❸ 열차 타기, 환불

· 대합실은 어디에 있나요?
候车室在哪里？
hòu chē shì zài nǎ lǐ
호우 처 쓰 짜이 나 리

· 상해행은 어디에서 타나요?
去上海的车在哪里搭乘？
qù shàng hǎi de chē zài nǎ lǐ dā chéng
취 쌍 하이 더 처 짜이 나 리 따 청

· 이 열차가 상해행인가요?
这是去上海的车吗？
zhè shì qù shàng hǎi de chē ma
쩌 쓰 취 쌍 하이 더 처 마

· 환불 창구가 어디에 있나요?
退票窗口在哪里？
tuì piào chuāng kǒu zài nǎ lǐ
투이 피아오 추앙 코우 짜이 나 리

· 이 열차표를 환불해 주세요.
请帮我把这张票退掉。
qǐng bāng wǒ bǎ zhè zhāng piào tuì diào
칭 빵 워 빠 쩌 짱 피아오 투이 띠아오

❹ 열차 안에서

바꿔 말하기

식당칸 이 어디에 있나요?

餐车 在哪里?

(cān chē) zài nǎ lǐ

(찬 처) 짜이 나 리

객차

| 승무원 | 식당칸 | 화장실 |
|---|---|---|
| 乘务员  | 餐车  | 厕所   |
| chéng wù yuán | cān chē | cè suǒ |
| 청 우 위엔 | 찬 처 | 처 수오 |

▶ 열차표를 바꿀 때

A: 무엇을 도와드릴까요?
请问有什么可以帮到您?
qǐng wèn yǒu shén me kě yǐ bāng dào nín
칭 원 요우 썬 머 커 이 빵 따오 닌

B: 저는 한국인입니다. 경좌에서 연좌로 바꿀 수 있나요?
我是韩国人。可以把硬座换成软座吗?
wǒ shì hán guó rén. kě yǐ bǎ yìng zuò huàn chéng ruǎn zuò ma
워 쓰 한 꾸오 런. 커 이 빠 잉 쭈오 후안 청 루안 쭈오 마

A: 네, 가능해요. / 아니요, 불가능해요.
可以。/ 不可以。
kě yǐ / bù kě yǐ
커 이 / 뿌 커 이

연좌보다는 연와침대칸이 어떨까요?
换成软卧怎么样?
huàn chéng ruǎn wò zěn me yàng
후안 청 루안 워 쩐 머 양

## 핵심문장 익히기

자리 교체

· 여기 빈자리인가요?
这是空座位吗?
zhè shì kōng zuò wèi ma
쩌 쓰 콩 쭈오 웨이 마

· 여기는 제 자리예요.
这是我的座位。
zhè shì wǒ de zuò wèi
쩌 쓰 워 더 쭈오 웨이

· 자리 좀 바꿔 주세요.
请和我换个座位。
qǐng hé wǒ huàn gè zuò wèi
칭 허 워 후안 거 쭈오 웨이

· 표를 좀 바꿔 주세요.
请和我换一下票。
qǐng hé wǒ huàn yí xià piào
칭 허 워 후안 이 씨아 피아오

· 빈 좌석이 있는지 알아보려면 어디로 가야 하나요?
我想问问有没有空座位, 应该去哪里问?
wǒ xiǎng wèn wèn yǒu méi yǒu kōng zuò wèi, yīng gāi qù nǎ lǐ wèn
워 씨앙 원 원 요우 메이 요우 콩 쭈오 웨이, 잉 까이 취 나 리 원

- 입석 승차권을 구입했는데요, 빈 좌석 있나요?

  我买了站票, 有空座位吗?

  wǒ mǎi le zhàn piào, yǒu kōng zuò wèi ma

  워 마이 러 짠 피아오, 요우 콩 쭈오 웨이 마

- 식당칸을 좌석으로 이용할 수 있을까요?

  餐车的位置可以当成座位吗?

  cān chē de wèi zhi ké yǐ dàng chéng zuò wèi ma

  찬 처 더 웨이 쯔 커 이 땅 청 쭈오 웨이 마

- 연장해서 더 가고 싶은데 표를 바꿀 수 있나요?

  我想延长行程, 可以换票吗?

  wǒ xiǎng yán cháng xíng chéng, ké yǐ huàn piào ma

  워 씨앙 이엔 챵 씽 청, 커 이 후안 피아오 마

승무원에게 문의

- 북경행은 어디에서 갈아타나요?

  去北京的在哪里换乘?

  qù běi jīng de zài nǎ lǐ huàn chéng

  취 뻬이 찡 더 짜이 나 리 후안 청

- 열차가 얼마 동안 정차하나요?

  车要停多久?

  chē yào tíng duō jiǔ

  처 야오 팅 뚜오 찌우

- 내릴 역을 지나쳤는데 어떻게 해야 하나요?

  车已经过站了, 我应该怎么办?

  chē yǐ jīng guò zhàn le, wǒ yīng gāi zěn me bàn

  처 이 찡 꾸오 짠 러, 워 잉 까이 젼 머 빤

- 식당차는 어디에 있나요?

  餐车在哪里？

  cān chē zài nǎ lǐ

  찬 처 짜이 나 리

표를 잃어 버렸을 때

- 표를 보여 주세요.

  请给我看一下票。

  qǐng gěi wǒ kàn yí xià piào

  칭 게이 워 칸 이 씨아 피아오

- 네, 여기 있습니다.

  给您。

  gěi nín

  게이 닌

- 표를 잃어버렸습니다.

  我的票丢了。

  wǒ de piào diū le

  워 더 피아오 띠우 러

- 어디에서 타셨어요?

  在哪里乘的车？

  zài nǎ lǐ chéng de chē

  짜이 나 리 청 더 처

- ～에서 탔습니다.

  在～乘的车。

  zài ~ chéng de chē

  짜이 ～ 청 더 처

# Unit 06. 비행기

## ❶ 비행기표 예약, 확인, 변경, 취소

바꾸어말하기

| 왕복 입니다. |
| --- |

是  往返  的。

shì (wǎng fǎn) de

쓰 (왕 판) 더

### 비행기표

| 비행기표<br>飞机票<br>fēi jī piào<br>페이 지 피아오 | 국내<br>国内<br>guó nèi<br>꾸오 네이 | 국외<br>国外<br>guó wài<br>꾸오 와이 |
| --- | --- | --- |
| 편도<br>单程<br>dān chéng<br>딴 청 | 왕복<br>往返<br>wǎng fǎn<br>왕 판 | 경유<br>经由<br>jīng yóu<br>찡 요우 |
| 출발 도시<br>出发城市<br>chū fā chéng shì<br>추 파 청 쓰 | 목적 도시<br>目的城市<br>mù dì chéng shì<br>무 띠 청 쓰 | 출발 날짜<br>出发日期<br>chū fā rì qī<br>추 파 르 치 |
| 출발 시간<br>出发时间<br>chū fā shí jiān<br>추 파 쓰 찌엔 | 돌아오는 날짜<br>返程日期<br>fǎn chéng rì qī<br>판 청 르 치 | 돌아오는 날 시간<br>返程时间<br>fǎn chéng shí jiān<br>판 청 쓰 찌엔 |
| 좌석 등급<br>舱位等级<br>cāng wèi děng jí<br>창 웨이 떵 찌 | 표 받을 도시 (표를 거주지로 배달 받음)<br>送票城市<br>sòng piào chéng shì<br>송 피아오 청 쓰 | |

▶ **인터넷 예약**

비행기 예매 사이트에서 표를 다운로드 받을 수 있을까요?
可以从网上打印电子票吗?
kě yǐ cóng wǎng shàng dǎ yìn diàn zǐ piào ma
커 이 총 왕 쌍 따 인 띠엔 즈 피아오 마

▶ **전화 또는 방문 예약**

A: 무엇을 도와드릴까요?
有什么可以帮您的吗?
yǒu shén me kě yǐ bāng nín de ma
요우 썬 머 커 이 빵 닌 더 마

B: 항공권을 예매하려고 하는데요.
我想预订机票。
wǒ xiǎng yù dìng jī piào
워 씨앙 위 띵 찌 피아오

A: 어디로 가는 항공권을 원하시나요?
您想买去哪里的机票?
nín xiǎng mǎi qù nǎ lǐ de jī piào
닌 씨앙 마이 취 나 리 더 찌 피아오

B: 북경요.
北京。
běi jīng
뻬이 찡

A: 언제 출발하는 걸 원하세요?
你要什么时候出发?
nǐ yào shén me shí hou chū fā
니 야오 썬 머 쓰 호우 추 파

B: 14일 오전 비행기요.
十四号早上。
shí sì hào zǎo shàng
쓰 스 하오 자오 쌍

B: 얼마예요?
请问多少钱?
qǐng wèn duō shǎo qián
칭 원 뚜오 싸오 치엔

A: 비행기 값 1만위안, 공항세와 유류세 1만위안, 합계 2만위안
이에요.
机票的价格是1万元, 机场税和燃油税1万元, 总计
2万元。
jī piào de jià gé shì yí wàn yuán, jī chǎng shuì hé rán yóu shuì yí wàn
yuán, zǒng jì liǎng wàn yuán
찌 피아오 더 찌아 꺼 쓰 이 완 위엔, 찌 창 쑤이 허 란 요우 쑤
이 이 완 위엔, 쫑 찌 리앙 완 위엔

A: 영문 이름을 알려주세요.
请告诉我英文姓名。
qǐng gào sù wǒ yīng wén xìng míng
칭 까오 수 워 잉 원 씽 밍

B: 성은 JANG이고, 이름은 ming ming입니다.
我的姓是 JANG, 名字是 ming ming。
wǒ de xìng shì JANG, míng zi shì ming ming
워 더 씽 쓰 장, 밍 즈 쓰 밍 밍

A: 예약되었습니다.
已经为您预约成功了。
yǐ jīng wèi nín yù yuē chéng gōng le
이 찡 웨이 닌 위 위에 청 꽁 러

## 핵심문장 익히기

· 중국민항(CAAC) 매표소가 어디 있나요?
中国民航售票处在哪里?
zhōng guó mín háng shòu piào chù zài nǎ lǐ
쫑 꾸오 민 항 쏘우 피아오 추 짜이 나 리

- 항공편 시간표를 구입할게요.
  我想买航班时刻表。
  wǒ xiǎng mǎi háng bān shí kè biǎo
  워 씨앙 마이 항 빤 쓰 커 삐아오

A: 예약을 확인하려고요.
我想确认一下预订的机票。
wǒ xiǎng què rèn yí xià yù dìng de jī piào
워 씨앙 취에 런 이 씨아 위 띵 더 찌 피아오

제 이름은 장 밍밍이에요.
我的名字是 JANG ming ming。
wǒ de míng zi shì JANG ming ming
워 더 밍 즈 쓰 장 밍 밍

14일 2시 비행기예요.
十四号两点的飞机。
shí sì hào liǎng diǎn de fēi jī
쓰 스 하오 리앙 띠엔 더 페이 지

비행기 편명은 ○○이구요.
航班号是○○。
háng bān hào shì ○○
항 빤 하오 쓰 ○○

B: 예약이 확인되었어요.
已经确认了您的预订。
yǐ jīng què rèn le nín de yù dìng
이 찡 취에 런 러 닌 더 위 띵

명단에 없네요.
没有找到您的名字。
méi yǒu zhǎo dào nín de míng zi
메이 요우 짜오 따오 닌 더 밍 즈

104

A: 그럼 저는 어떻게 해야 하나요?
那么我该怎么办呢?
nà me wǒ gāi zěn me bàn ne
나 머 워 까이 전 머 빤 너

▶ 변경, 취소

A: 예약을 변경(취소)해 주세요.
我要变更(取消)预订。
wǒ yào biàn gēng (qǔ xiāo) yù dìng
워 야오 삐엔 껑 (취 씨아오) 위 띵

B: 예약을 변경(취소)할 수 없습니다.
不可以变更(取消)。
bù kě yǐ biàn gēng (qǔ xiāo)
뿌 커 이 삐엔 껑 (취 씨아오)

예약을 취소하면 위약금을 물어야 합니다.
取消预订的话有违约金。
qǔ xiāo yù dìng de huà yǒu wéi yuē jīn
취 씨아오 위 띵 더 후아 요우 웨이 위에 진

❷ 비행기 체크인과 탑승

바꿔 말하기

국내선 데스크 가 어디 인가요?
国内线路咨询台 在哪里?
(guó nèi xiàn lù zī xún tái) zài nǎ lǐ
(꾸오 네이 씨엔 루 즈 쉰 타이) 짜이 나 리

105

## 공항

| 국제선 데스크 <br> **国际线咨询台** <br> guó jì xiàn zī xún tái <br> 꾸오 찌 씨엔 즈 쉰 타이  | 국내선 탑승구 <br> **国内线登机口** <br> guó nèi xiàn dēng jī kǒu <br> 꾸오 네이 씨엔 떵 찌 코우  |
| --- | --- |
| 국제선 탑승구 <br> **国际线登机口** <br> guó jì xiàn dēng jī kǒu <br> 꾸오 찌 씨엔 떵 찌 코우  | 탑승 대기소 <br> **候机处** <br> hòu jī chù <br> 호우 지 츄 |

▶ **매표소에서**

A: 항공권과 여권을 주세요.
**请给我机票和护照。**
qǐng gěi wǒ jī piào hé hù zhào
칭 게이 워 찌 피아오 허 후 쨔오

B: 창가 자리(통로 자리)로 주세요.
**请给我靠窗的座位(靠通道的座位)。**
qǐng gěi wǒ kào chuāng de zuò wèi (kào tōng dào de zuò wèi)
칭 게이 워 카오 추앙 더 쭈오 웨이 (카오 통 따오 더 쭈오 웨이)

짐을 부쳐 주세요.
**行李托运。**
xíng li tuō yùn
씽 리 투오 윈

A: 짐의 무게가 초과해서 초과운임을 내야 합니다.
**行李超重, 需要追加费用。**
xíng li chāo zhòng, xū yào zhuī jiā fèi yòng
씽 리 챠오 쫑, 쉬 야오 쭈이 찌아 페이 용

B: 초과운임이 얼마입니까?
**追加费用是多少?**
zhuī jiā fèi yòng shì duō shǎo
쭈이 찌아 페이 용 쓰 뚜오 쌰오

106

A: 초과운임은 300위안이에요.
追加费用是三百元。
zhuī jiā fèi yòng shì sān bǎi yuán
쭈이 찌아 페이 용 쓰 산 빠이 위엔

B: 비행기는 예정대로 출발하나요?
飞机按预定时间出发吗?
fēi jī àn yù dìng shí jiān chū fā ma
페이 지 안 위 띵 쓰 찌엔 추 파 마

탑승 시간은 언제인가요?
几点登机?
jǐ diǎn dēng jī
찌 띠엔 떵 찌

몇 번 탑승구로 나가야 하나요?
几号登机口登机?
jǐ hào dēng jī kǒu dēng jī
찌 하오 떵 찌 코우 떵 찌

### 핵심문장 익히기

결항, 비행기 놓쳤을 때

- 북경으로 가는 비행기를 놓쳤어요.
  我错过了去北京的飞机。
  wǒ cuò guò le qù běi jīng de fēi jī
  워 추오 꾸오 러 취 뻬이 찡 더 페이 지

- 북경으로 가는 비행기가 결항됐어요.
  去北京的飞机停飞了。
  qù běi jīng de fēi jī tíng fēi le
  취 뻬이 찡 더 페이 지 팅 뻬이 러

- 다음 비행기는 언제예요?

  下一班航班是什么时候？

  xià yì bān háng bān shì shén me shí hou

  씨아 이 빤 항 빤 쓰 션 머 쓰 호우

- 얼마나 기다려야 하나요?

  要等多长时间？

  yào děng duō cháng shí jiān

  야오 떵 뚜오 챵 쓰 찌엔

## Unit 07. 여객선

바꿔 말하기

1등석 표 한 장 주세요.

请给我一张 一等座 的票。

qǐng gěi wǒ yì zhāng (yì děng zuò) de piào

칭 게이 워 이 짱 (이 떵 쭈오) 더 피아오

### 좌석 등급

| 3등석<br>3等舱<br>sān děng cāng<br>싼 떵 창 | 2등석<br>2等舱<br>èr děng cāng<br>얼 떵 창 |
|---|---|
| 1등석<br>1等舱(头等舱)<br>yī děng cāng (tóu děng cāng)<br>이 떵 창 (토우 떵 창) | VIP석<br>VIP舱(特等舱)<br>VIP cāng (tè děng cāng)<br>브이아이피 창 (터 떵 창) |

### 핵심 단어

| 배 이름<br>船名<br>chuán míng<br>추안 밍 | 출항일<br>出航日期<br>chū háng rì qī<br>추 항 르 치 | 목적지<br>目的地<br>mù dì dì<br>무 띠 띠 | 좌석 등급<br>座席级别<br>zuò xí jí bié<br>쭈오 씨 찌 삐에 |

## 핵심문장 익히기

- 요금이 얼마인가요?

  船票多少钱?

  chuán piào duō shǎo qián

  추안 피아오 뚜오 쌰오 치엔

- ~에 가는 배는 언제 출항하나요?

  去~的船什么时候出发?

  qù ~ de chuán shén me shí hou chū fā

  취 ~ 더 추안 썬 머 쓰 호우 추 파

- ~로 가는 배의 하선은 언제인가요?

  去~的船什么时候到达目的地?

  qù ~ de chuán shén me shí hou dào dá mù dì dì

  취 ~ 더 추안 썬 머 쓰 호우 따오 따 무 띠 띠

- ~로 가는 배는 어디에서 승선하나요?

  去~的船在哪里登船?

  qù ~ de chuán zài nǎ lǐ dēng chuán

  취 ~ 더 추안 짜이 나 리 떵 추안

- 멀미약 파는 곳이 있나요?

  有没有卖晕船药的?

  yǒu méi yǒu mài yūn chuán yào de

  요우 메이 요우 마이 윈 추안 야오 더

- 유람선을 어디에서 타나요?

  在哪里坐游艇?

  zài nǎ lǐ zuò yóu tǐng

  짜이 나 리 쭈오 요우 팅

109

A: 배 타실래요?
要坐船吗?
yào zuò chuán ma
야오 쭈오 추안 마

B: 어디까지 가나요?
你的船去哪里?
nǐ de chuán qù nǎ lǐ
니 더 추안 취 나 리

A: 서호를 돕니다.
就是在西湖里面转一下。
jiù shì zài xī hú lǐ miàn zhuàn yí xià
찌우 쓰 짜이 씨 후 리 미엔 쭈안 이 씨아

B: 시간이 얼마나 걸리나요?
能转几个小时?
néng zhuàn jǐ gè xiǎo shí
넝 쭈안 찌 거 씨아오 쓰

A: 1시간, 2시간, 3시간 등 선택하시면 됩니다.
有一个小时, 两个小时和三个小时三种时间可以选择。
yǒu yí gè xiǎo shí, liǎng gè xiǎo shí hé sān gè xiǎo shí sān zhǒng shí
jiān kě yǐ xuǎn zé
요우 이 꺼 씨아오 쓰, 리앙 꺼 씨아오 쓰 허 싼 꺼 씨아오 쓰
싼 쫑 쓰 찌엔 커 이 쉬엔 쩌

B: 3시간 탈게요. 얼마 해 주실 거예요? 싸게 해 주면 탈게요.
我要坐三个小时。总共多少钱? 如果便宜的话我就坐。
wǒ yào zuò sān gè xiǎo shí. zǒng gong duō shǎo qián? rú guǒ pián yi
de huà wǒ jiù zuò
워 야오 쭈오 싼 꺼 씨아오 쓰. 쫑 꽁 뚜오 샤오 치엔? 루 꾸오
피엔 이 더 후아 워 찌우 쭈오

# Unit 08. 자전거

바꿔 말하기

 을 수리해 주세요.
请帮我修一下 脚踏板 。
qǐng bāng wǒ xiū yí xià (jiǎo tà bǎn)
칭 빵 워 씨우 이 씨아 (찌아오 타 빤)

자전거 명칭

| ① 핸들 | ② 안장 | ③ 앞바퀴 | ④ 뒷바퀴 |
|---|---|---|---|
| 车把 | 车座 | 前轮 | 后轮 |
| chē bǎ | chē zuò | qián lún | hòu lún |
| 처 빠 | 처 쭈오 | 치엔 륀 | 호우 륀 |

자전거 임대

- 무료로 자전거를 빌려 주는 곳이 있나요?

  请问在哪里可以借到免费的自行车?

  qǐng wèn zài nǎ lǐ kě yǐ jiè dào miǎn fèi de zì xíng chē

  칭 원 짜이 나 리 커 이 찌에 따오 미엔 페이 더 즈 씽 처

- 자전거를 어디에서 빌릴 수 있나요?

  哪里可以租自行车?

  nǎ lǐ kě yǐ zū zì xíng chē

  나 리 커 이 쭈 즈 씽 처

- 하루 빌리는 데 얼마예요?

  租一天多少钱?

  zū yì tiān duō shǎo qián

  주 이 티엔 뚜오 쌰오 치엔

- 1시간에 얼마예요?

  租一个小时多少钱?

  zū yí gè xiǎo shí duō shǎo qián

  주 이 거 씨아오 쓰 뚜오 쌰오 치엔

- 보증금은 얼마예요?

  押金多少钱?

  yā jīn duō shǎo qián

  야 찐 뚜오 쌰오 치엔

- 몇 시에 반환하면 되나요?

  应该几点归还?

  yīng gāi jǐ diǎn guī huán

  잉 까이 찌 띠엔 꾸이 후안

- 보증금을 반환해 주세요.
  请还我押金。
  qǐng huán wǒ yā jīn
  칭 후안 워 야 찐

자전거 구입

- 자전거를 사려고 해요.
  我想买自行车。
  wǒ xiǎng mǎi zì xíng chē
  워 씨앙 마이 즈 씽 처

- 이 자전거 주세요.
  请给我这个自行车。
  qǐng gěi wǒ zhè ge zì xíng chē
  칭 게이 워 쩌 거 즈 씽 처

- 도난 방지 케이블을 주세요.
  请给我防盗锁。
  qǐng gěi wǒ fáng dào suǒ
  칭 게이 워 팡 따오 수오

- 얼마예요?
  多少钱?
  duō shǎo qián
  뚜오 쌰오 치엔

- 싸게 해 주세요.
  便宜点吧。
  pián yi diǎn ba
  피엔 이 띠엔 빠

- 깎아 주면 살게요.
  便宜点我就买。
  pián yi diǎn wǒ jiù mǎi
  피엔 이 띠엔 워 찌우 마이

113

# Unit 09. 렌터카

바꿔 말하기

| 대형차 |를 빌리고 싶어요.

我想租 大型车 。

wǒ xiǎng zū (dà xíng chē)

워 씨앙 주 (따 씽 처)

## 자동차의 종류 - 크기

| | |
|---|---|
| 중형차<br>**中型车**<br>zhōng xíng chē<br>쭝 씽 처  | 소형차<br>**小型车**<br>xiǎo xíng chē<br>씨아오 씽 처  |
| 대형차<br>**大型车**<br>dà xíng chē<br>따 씽 처  | 스포츠카<br>**跑车**<br>pǎo chē<br>파오 처  |

▶ **렌터카를 대여할 때**

A: 렌터카를 빌리려고 하는데요. / 렌터카를 예약하려고 하는데요.
我想租汽车。 / 我想预订租车服务。
wǒ xiǎng zū qì chē / wǒ xiǎng yù dìng zū chē fú wù
워 씨앙 주 치 처 / 워 씨앙 위 띵 주 처 푸 우

B: 어떤 종류의 차를 원하세요?
您想租哪种车？
nín xiǎng zū nǎ zhǒng chē
닌 씨앙 주 나 쭝 처

A: (대형차)를 빌리고 싶어요.
我想租(大型车)。
wǒ xiǎng zū (dà xíng chē)
워 씨앙 주 (따 씽 처)

렌터카 목록을 보여 주세요.
能给我看一下租赁车的目录吗。
néng gěi wǒ kàn yí xià zū lìn chē de mù lù ma
넝 게이 워 칸 이 씨아 주 린 처 더 무 루 마

이 차로 할게요.
我要这辆车。
wǒ yào zhè liàng chē
워 야오 쩌 리앙 처

하루 빌리는데 얼마예요?
租一天多少钱?
zū yì tiān duō shǎo qián
주 이 티엔 뚜오 쌰오 치엔

B: 기사 딸려서 300위안입니다.
附带司机的话300块。
fù dài sī jī de huà sān bǎi kuài
푸 따이 쓰 찌 더 후아 싼 빠이 쿠아이

A: 보증금은 얼마예요?
押金多少钱?
yā jīn duō shǎo qián
야 진 뚜오 쌰오 치엔

B: 보증금은 10만위안입니다.
押金是十万块。
yā jīn shì shí wàn kuài
야 진 쓰 쓰 완 쿠와이

A: 혹시 국제 면허증을 가지고 있는데 직접 운전할 수 있나요?
我有国际驾照,可以直接开车吗?
wǒ yǒu guó jì jià zhào, kě yǐ zhí jiē kāi chē ma
워 요우 꾸오 찌 찌아 짜오, 커 이 쯔 찌에 카이 처 마

B: 국제 면허증만으로는 운전하실 수 없어요.
只有国际驾照是不能开车的。
zhǐ yǒu guó jì jià zhào shì bù néng kāi chē de
쯔 용 꾸오 찌 찌아 짜오 쓰 뿌 넝 카이 처 더

- 이것이 제 국제 면허증입니다.
  这是我的国际驾照。
  zhè shì wǒ de guó jì jià zhào
  쩌 쓰 워 더 꾸오 찌 지아 쨔오

- 이것이 제 국내 면허증입니다.
  这是我的国内驾照。
  zhè shì wǒ de guó nèi jià zhào
  쩌 쓰 워 더 꾸오 네이 지아 쨔오

- 도로 지도를 주세요.
  请给我一张行车路线图。
  qǐng gěi wǒ yì zhāng xíng chē lù xiàn tú
  칭 게이 워 이 짱 씽 처 루 씨엔 투

- 배터리가 떨어졌어요.
  电池没电了。
  diàn chí méi diàn le
  띠엔 츠 메이 띠엔 러

- 펑크 났어요.
  爆胎了。
  bào tāi le
  빠오 타이 러

- 시동이 안 걸려요.
  车不能发动了。
  chē bù néng fā dòng le
  처 뿌 넝 파 똥 러

- 브레이크가 안 돼요.
  刹车失灵了。
  shā chē shī líng le
  쌰 처 쓰 링 러

116

- 기름이 떨어졌어요.

  没油了。

  méi yóu le

  메이 요우 러

- 기름을 채워 주세요.

  给我加满油。

  gěi wǒ jiā mǎn yóu

  게이 워 찌아 만 요우

- 정비사를 불러 주세요.

  给我叫一下修理工。

  gěi wǒ jiào yí xià xiū lǐ gōng

  게이 워 찌아오 이 씨아 씨우 리 꽁

- 액셀러레이터가 안 돼요.

  油门坏了。

  yóu mén huài le

  요우 먼 후아이 러

- 엔진이 안 돼요.

  发动机坏了。

  fā dòng jī huài le

  파 똥 찌 후아이 러

- 여기 주차할 수 있나요?

  这里可以停车吗?

  zhè lǐ kě yǐ tíng chē ma

  쩌 리 커 이 팅 처 마

- 여기에서 얼마나 주차할 수 있나요?

  这里可以停车多长时间?

  zhè lǐ kě yǐ tíng chē duō cháng shí jiān

  쩌 리 커 이 팅 처 뚜오 창 쓰 찌엔

- 근처에 주유소가 있나요?

  附近有加油站吗?

  fù jìn yǒu jiā yóu zhàn ma

  푸 찐 요우 찌아 요우 짠 마

- 차를 점검해 주세요.

  请帮我检查一下车。

  qǐng bāng wǒ jiǎn chá yí xià chē

  칭 빵 워 찌엔 차 이 씨아 처

- 긴급 연락처를 알려 주세요.

  给我个紧急联系电话。

  gěi wǒ gè jǐn jí lián xì diàn huà

  게이 워 거 찐 찌 리엔 씨 띠엔 후아

## 핵심 단어

| | | | |
|---|---|---|---|
| 양보<br>减速让行<br>jiǎn sù ràng xíng<br>찌엔 수 랑 씽 | | 일시정지<br>临时停车<br>lín shí tíng chē<br>린 쓰 팅 처 | |
| 추월금지<br>禁止超车<br>jìn zhǐ chāo chē<br>진 쯔 챠오 처 | | 제한속도<br>限制速度<br>xiàn zhì sù dù<br>씨엔 쯔 수 뚜 | 5km<br>限制速度 |
| 일방통행<br>单行道<br>dān xíng dào<br>딴 씽 따오 | → | 주차금지<br>禁止停车<br>jìn zhǐ tíng chē<br>진 쯔 팅 처 | 停<br>禁止停车 |
| 우측통행<br>右侧通行<br>yòu cè tōng xíng<br>요우 처 통 씽 | 右侧通行 | 진입금지<br>禁止进入<br>jìn zhǐ jìn rù<br>진 쯔 진 뤼 | 禁止進入 |

## Unit 01. 장소 묻기

바꿔 말하기

관광 안내소 가 어디에 있나요?

旅游咨询处 在哪里?
(lǚ yóu zī xún chù) zài nǎ lǐ
(뤼 요우 즈 쉰 추) 짜이 나 리

근처에 매표소 가 있나요?

附近有 售票厅 吗?
fù jìn yǒu (shòu piào tīng) ma?
푸 찐 요우 (쏘우 피아오 팅) 마

### 놀거리

| | | |
|---|---|---|
| 번화가<br>闹市区<br>nào shì qū<br>나오 쓰 취  | 극장<br>剧院<br>jù yuàn<br>쥐 위엔  | 수영장<br>游泳馆<br>yóu yǒng guǎn<br>요우 용 꾸안  |
| 영화관<br>电影院<br>diàn yǐng yuàn<br>띠엔 잉 위엔  | 놀이동산<br>游乐场<br>yóu lè chǎng<br>요우 러 창  | 스키장<br>滑雪场<br>huá xuě chǎng<br>후아 쉬에 창  |
| 노래방<br>练歌房<br>liàn gē fáng<br>리엔 꺼 팡  | 사우나<br>桑拿<br>sāng ná<br>상 나  | 나이트클럽<br>夜总会<br>yè zǒng huì<br>예 쫑 후이  |
| 동물원<br>动物园<br>dòng wù yuán<br>똥 우 위엔  | 식물원<br>植物园<br>zhí wù yuán<br>쯔 우 위엔  | |

## 편의시설, 공공시설

| | | |
|---|---|---|
| 세탁소<br>**洗衣房**<br>xǐ yī fáng<br>씨 이 팡  | PC방<br>**网吧**<br>wǎng bā<br>왕 빠  | 목욕탕<br>**澡堂**<br>zǎo táng<br>자오 탕  |
| 전화방<br>**话吧**<br>huà bā<br>후아 빠  | 안마방<br>**按摩房**<br>àn mó fáng<br>안 모어 팡  | 발 마사지 하는 곳<br>**洗脚房**<br>xǐ jiǎo fáng<br>씨 찌아오 팡  |
| 화장실<br>**厕所**<br>cè suǒ<br>처 수오  | 은행<br>**银行**<br>yín háng<br>인 항  | 약국<br>**药店**<br>yào diàn<br>야오 띠엔  |
| 병원<br>**医院**<br>yī yuàn<br>이 위엔  | 우체국<br>**邮局**<br>yóu jú<br>요우 쥐  | 소방서<br>**消防队**<br>xiāo fáng duì<br>씨아오 팡 뚜이  |
| 경찰서<br>**公安局**<br>gōng ān jú<br>꽁 안 쥐  | 도서관<br>**图书馆**<br>tú shū guǎn<br>투 쑤 꽌  | 국무원<br>**国务院**<br>guó wù yuàn<br>꾸오 우 위엔  |
| 영사관<br>**领事馆**<br>lǐng shì guǎn<br>링 쓰 꽌  | 현금지급기(ATM)<br>**自动柜员机**<br>zì dòng guì yuán jī<br>즈 똥 꾸이 위엔 찌 | 백화점<br>**百货商店**<br>bǎi huò shāng diàn<br>빠이 후오 쌍 띠엔  |
| 관광 안내소<br>**旅游咨询处**<br>lǚ yóu zī xún chù<br>뤼 요우 즈 쉰 츄  | 매표소<br>**售票厅**<br>shòu piào tīng<br>쏘우 피아오 팅  | |

## 핵심문장 익히기

- 가까워요?
  近吗?
  jìn ma
  찐 마

- 멀어요?
  远吗?
  yuǎn ma
  위엔 마

# Unit 02. 관광지에서

## ❶ 중국의 대표 관광지

바꿔 말하기

천단공원 에 가고 싶어요.
我想去 天坛公园 。
wǒ xiǎng qù (tiān tán gōng yuán)
워 씨앙 취 (티엔 탄 꽁 위엔)

이화원 은 어디 있나요?
颐和园 在哪里?
(yí hé yuán) zài nǎ lǐ
(이 허 위엔) 짜이 나 리

### 중국의 대표 관광지

| 자금성 | 천단공원 |
|---|---|
| 紫禁城 | 天坛公园 |
| zǐ jìn chéng | tiān tán gōng yuán |
| 즈 찐 청 | 티엔 탄 꽁 위엔 |

이화원
**颐和园**
yí hé yuán
이 허 위엔

용경협
**龙庆峡**
lóng qìng xiá
롱 칭 씨아

홍교시장
**虹桥市场**
hóng qiáo shì chǎng
홍 치아오 쓰 챵

팔달령 만리장성
**八达岭长城**
bā dá lǐng cháng chéng
빠 따 링 챵 청

용화궁
**雍和宫**
yōng hé gōng
용 허 꽁

천안문
**天安门**
tiān ān mén
티엔 안 먼

피서산장
**避暑山庄**
bì shǔ shān zhuāng
삐 쑤 싼 쭈앙

태산
**泰山**
tài shān
타이 싼

대묘
**大庙**
dà miào
따 미아오

청도 팔대관
**青岛八大关**
qīng dǎo bā dà guān
칭 따오 빠 따 꾸안

졸정원
**拙政园**
zhuō zhèng yuán
쭈오 쩡 위엔

핑야오 고성
**平遥古城**
píng yáo gǔ chéng
핑 야오 꾸 청

대동운강석굴
**大同云冈石窟**
dà tóng yún gāng shí kū
따 퉁 윈 깡 쓰 쿠

면산
**绵山**
mián shān
미엔 싼

우타이산
**五台山**
wǔ tái shān
우 타이 싼

선양고궁
**沈阳故宫**
shěn yáng gù gōng
썬 양 꾸 꽁

예원
豫园
yù yuán
위 위엔

황푸강
黄浦江
huáng pǔ jiāng
후앙 푸 찌앙

동방명주
东方明珠
dōng fāng míng zhū
똥 팡 밍 쭈

서호
西湖
xī hú
씨 후

황산
黄山
huáng shān
후앙 싼

두장옌
都江堰
dū jiāng yàn
뚜 찌앙 이옌

낙산대불
乐山大佛
lè shān dà fó
러 싼 따 포어

황롱
黄龙
huáng lóng
후앙 롱

청성산
青城山
qīng chéng shān
칭 청 싼

루쉰고가
鲁迅故居
lǔ xùn gù jū
뤼 쉰 꾸 쥐

웬모투린
元谋土林
yuán móu tǔ lín
위엔 모어 투 린

리장고성
丽江古城
lì jiāng gǔ chéng
리 찌앙 꾸 청

다리고성
大理古城
dà lǐ gǔ chéng
따 리 꾸 청

호도협
虎跳峡
hǔ tiào xiá
후 티아오 씨아

차마고도
茶马古道
chá mǎ gǔ dào
차 마 꾸 따오

봉황고성
凤凰古城
fèng huáng gǔ chéng
펑 후앙 꾸 청

장가계
张家界
zhāng jiā jiè
짱 찌아 찌에

| 포탈라궁<br>**布达拉宫**<br>bù dá lā gōng<br>뿌 따 라 꽁  | 병마용<br>**兵马俑**<br>bīng mǎ yǒng<br>삥 마 용  |
| 소림사<br>**少林寺**<br>shào lín sì<br>쌰오 린 스  | 봉황산<br>**凤凰山**<br>fèng huáng shān<br>펑 후앙 싼  |
| 용문석굴<br>**龙门石窟**<br>lóng mén shí kū<br>롱 먼 쓰 쿠  | 양강사호<br>**两江四湖**<br>liǎng jiāng sì hú<br>리앙 찌앙 스 후  |
| 이강<br>**漓江**<br>lí jiāng<br>리 찌앙  | 관음동굴<br>**观音洞**<br>guān yīn dòng<br>꾸안 인 똥  |

## 핵심문장 익히기

- 이곳에서 가 볼만한 명소를 소개해 주세요.

  请介绍一下这里值得去的旅游景点。
  qǐng jiè shào yí xià zhè lǐ zhí dé qù de lǚ yóu jǐng diǎn
  칭 찌에 쌰오 이 씨아 쩌 리 쯔 더 취 더 뤼 요우 찡 띠엔

- 이곳에서 꼭 가봐야 할 곳은 어딘가요?

  这里一定要去看的景点在哪里?
  zhè lǐ yí dìng yào qù kàn de jǐng diǎn zài nǎ lǐ
  쩌 리 이 띵 야오 취 칸 더 찡 띠엔 짜이 나 리

❷ 매표소에서

바꾸말하기

학생 입장권 1장 주세요.

要一张 学生 票。

yào yì zhāng (xué sheng) piào

야오 이 짱 (쉬에 썽) 피아오

가운데 자리 영화표 주세요.

请给我 中间位置的 电影票。

qǐng gěi wǒ (zhōng jiān wèi zhi de) diàn yǐng piào

칭 게이 워 (쫑 지엔 웨이 쯔 더) 띠엔 잉 피아오

학생 2장 공연표 주세요.

买 两张学生 入场券。

mǎi (liǎng zhāng xué sheng) rù chǎng quàn

마이 (리앙 짱 쉬에 썽) 루 창 취엔

학생 은 할인 되나요?

学生 可以打折吗?

(xué sheng) kě yǐ dǎ zhé ma

(쉬에 썽) 커 이 따 쩌 마

| | | |
|---|---|---|
| 어른<br>成人<br>chéng rén<br>청 런  | 학생<br>学生<br>xué sheng<br>쉬에 썽  | 단체<br>团体<br>tuán tǐ<br>투안 티  |
| 노인<br>老人<br>lǎo rén<br>라오 런  | 유아<br>幼儿<br>yòu ér<br>요우 얼  | 입장권 세트<br>套票<br>tào piào<br>타오 피아오  |

| 가운데 자리 | 가장자리 | 케이블 승차권(편도 / 왕복) |
|---|---|---|
| 中间的座位 | 边沿 | 缆车票(单程 / 往返) |
| zhōng jiān de zuò wèi | biān yán | lǎn chē piào (dān chéng / wǎng fǎn) |
| 쭝 찌엔 더 쭈오 웨이 | 삐엔 이엔 | 란 처 피아오 (딴 청 / 왕 판) |

▶ **표를 구입할 때**

A: 표 있나요?
**有票吗?**
yǒu piào ma
요우 피아오 마

B: 있어요.
**有。**
yǒu
요우

매진되었어요.
**售完了。**
shòu wán le
쏘우 완 러

A: (학생)은 할인되나요?
**(学生)可以打折吗?**
(xué sheng) kě yǐ dǎ zhé ma
(쉬에 썽) 커 이 따 쩌 마

B: 네, 할인됩니다. 학생증을 보여 주세요.
**是的, 可以打折, 请给我看一下你的学生证。**
shì de, kě yǐ dǎ zhé, qǐng gěi wǒ kàn yí xià nǐ de xué sheng zhèng
쓰 더, 커 이 따 쩌, 칭 게이 워 칸 이 씨아 니 더 쉬에 썽 쩡

A: 학생증이 여기 있어요.
**这是我的学生证。**
zhè shì wǒ de xué sheng zhèng
쩌 쓰 워 더 쉬에 썽 쩡

입장료는 얼마인가요?
门票多少钱?
mén piào duō shǎo qián
먼 피아오 뚜오 쌰오 치엔

B: 100위안이에요.
一百块钱。
yì bǎi kuài qián
이 빠이 쿠아이 치엔

A: (학생) 입장권 1장 주세요.
要一张(学生)票。
yào yì zhāng (xué sheng) piào
야오 이 짱 (쉬에 썽) 피아오

## 핵심문장 익히기

· 짐을 어디에 맡기나요?
哪里可以寄存?
nǎ lǐ kě yǐ jì cún
나 리 커 이 찌 춘

· 무슨 요일에 휴관합니까?
哪天不开放?
nǎ tiān bù kāi fàng
나 티엔 뿌 카이 팡

· 개장 시간(폐장 시간)은 언제인가요?
开门时间(关门时间)是几点?
kāi mén shí jiān (guān mén shí jiān) shì jǐ diǎn
카이 먼 쓰 찌엔 (꾸안 먼 쓰 찌엔) 쓰 찌 띠엔

- 자동안내 번역기를 어디에서 빌리나요?

  自助导游语音翻译机在哪里借?

  zì zhù dǎo yóu yǔ yīn fān yì jī zài nǎ lǐ jiè

  즈 쭈 따오 요우 위 인 판 이 찌 짜이 나 리 찌에

- 자동안내 번역기를 빌리고 싶어요.

  想借自助导游语音翻译机。

  xiǎng jiè zì zhù dǎo yóu yǔ yīn fān yì jī

  씨앙 찌에 즈 쭈 따오 요우 위 인 판 이 찌

- 어디에서 관광 유람차를 타나요?

  观光电车在哪里坐?

  guān guāng diàn chē zài nǎ lǐ zuò

  꾸안 꾸앙 띠엔 처 짜이 나 리 쭈오

- 화장실이 어디에 있나요?

  洗手间在哪里?

  xǐ shǒu jiān zài nǎ lǐ

  씨 쏘우 찌엔 짜이 나 리

### 핵심 단어

| 유료(무료) 주차 | 주차비 | 화장실 이용 |
| --- | --- | --- |
| 收费(免费)停车 | 停车费 | 使用洗手间 |
| shōu fèi (miǎn fèi) tíng chē | tíng chē fèi | shǐ yòng xǐ shǒu jiān |
| 쏘우 페이 (미엔 페이) 팅 처 | 팅 처 페이 | 쓰 용 씨 쏘우 찌엔 |

128

# ❸ 관광지에서

## 1. 명칭 묻기

바꿔 말하기

이 / 저 <u>산</u> 의 이름은 무엇입니까?
这 / 那 <u>山</u> 叫什么名字?
zhè / nà (shān) jiào shén me míng zi
쩌 / 나 (싼) 찌아오 썬 머 밍 쯔

### 자연물

| | | |
|---|---|---|
| 산<br>山<br>shān<br>싼 | 강<br>江<br>jiāng<br>찌앙 | 호수<br>湖<br>hú<br>후 |
| 저수지<br>水库<br>shuǐ kù<br>쑤이 쿠 | 연못<br>荷塘<br>hé táng<br>허 탕 | 해변<br>海边<br>hǎi biān<br>하이 삐엔 |
| 습지<br>沼泽<br>zhǎo zé<br>짜오 저 | 협곡<br>峡谷<br>xiá gǔ<br>씨아 꾸 | 해안<br>海岸<br>hǎi àn<br>하이 안 |
| 동굴<br>洞<br>dòng<br>똥 | 섬<br>岛<br>dǎo<br>따오 | 삼림<br>森林<br>sēn lín<br>선 린 |
| 초원<br>草原<br>cǎo yuán<br>차오 위엔 | 사막<br>沙漠<br>shā mò<br>샤 모어 | 폭포<br>瀑布<br>pù bù<br>푸 뿌 |

## 인공 자연물

분수
**喷泉**
pēn quán
펀 취엔

공원
**公园**
gōng yuán
꽁 위엔

댐
**堤坝**
dī bà
띠 빠

정원
**庭园**
tíng yuán
팅 위엔

## 유적

장성
**长城**
cháng chéng
창 청

명승지
**名胜**
míng shèng
밍 셩

유적지
**遗址**
yí zhǐ
이 쯔

성
**城**
chéng
청

석불
**石佛**
shí fó
쓰 포어

불상
**佛像**
fó xiàng
포어 씨앙

사찰
**寺庙**
sì miào
스 미아오

탑
**塔**
tǎ
타

무덤
**坟墓**
fén mù
펀 무

문
**门**
mén
먼

사당
**祠堂**
cí táng
츠 탕

옛날 집
**老房子**
lǎo fáng zi
라오 팡 즈

고궁
**故宫**
gù gōng
꾸 꽁

## 조형

| | | | |
|---|---|---|---|
| 기념비<br>**纪念碑**<br>jì niàn bēi<br>찌 니엔 뻬이 | | 기념관<br>**纪念馆**<br>jì niàn guǎn<br>찌 니엔 꾸안 | |
| 다리<br>**桥**<br>qiáo<br>치아오 | | 광장<br>**广场**<br>guǎng chǎng<br>꾸앙 챵 | |
| 성당<br>**教堂**<br>jiào táng<br>찌아오 탕 | | 교회<br>**教会**<br>jiào huì<br>찌아오 후이 | |
| 박물관<br>**博物馆**<br>bó wù guǎn<br>뽀어 우 꾸안 | | 미술관<br>**美术馆**<br>měi shù guǎn<br>메이 쑤 꾸안 | |

| | | |
|---|---|---|
| 건물<br>**楼**<br>lóu<br>로우 | 대학<br>**大学**<br>dà xué<br>따 쉬에 | 이슬람 사원<br>**清真寺**<br>qīng zhēn sì<br>칭 쩐 스 |

## 2. 규모 묻기

바꿔말하기

<u>높이</u> 가 어떻게 되나요?

多  高 ?

duō (gāo)

뚜오 (까오)

| 규모 | | | |
|---|---|---|---|
| 길이<br>**长**<br>cháng<br>창 | | 넓이<br>**宽**<br>kuān<br>쿠안 | |
| 무게<br>**重**<br>zhòng<br>쭝 | | 크기<br>**大**<br>dà<br>따 | |

## 핵심문장 익히기

- 이것의 이름은 무엇인가요?
  这个叫什么?
  zhè ge jiào shén me
  쩌 거 찌아오 썬 머

- 저것의 이름은 무엇인가요?
  那个叫什么?
  nà ge jiào shén me
  나 꺼 찌아오 썬 머

- 누가 여기에서 살았나요?
  这个地方谁住过?
  zhè ge dì fang shuí zhù guò
  쩌 거 띠 팡 쑤이 쭈 꾸오

- 언제 만들어졌나요?
  什么时候建的?
  shén me shí hou jiàn de
  썬 머 쓰 호우 찌엔 더

- 가장 유명한 것은 무엇입니까?

  什么最出名?

  shén me zuì chū míng

  썬 머 쭈이 추 밍

- 어디에 쓰는 물건인가요?

  这个东西干什么用?

  zhè ge dōng xī gàn shén me yòng

  쩌 거 동 씨 깐 썬 머 용

- 퍼레이드는 언제 시작하나요?

  巡游什么时候开始?

  xún yóu shén me shí hou kāi shǐ

  쉰 요우 썬 머 쓰 호우 카이 쓰

### 핵심 단어

| | | | |
|---|---|---|---|
| 출입 금지<br>禁止出入<br>jìn zhǐ chū rù<br>찐 쯔 츄 루 |  | 접근 금지<br>禁止靠近<br>jìn zhǐ kào jìn<br>찐 쯔 카오 찐 |  |
| 금연<br>禁烟<br>jìn yān<br>찐 이엔 |  | 조용히 하세요.<br>请安静。<br>qǐng ān jìng<br>칭 안 찡 |  |
| 손대지 마세요.<br>请勿触摸。<br>qǐng wù chù mō<br>칭 우 추 모어 |  | 들어가지 마세요.<br>请勿进入。<br>qǐng wù jìn rù<br>칭 우 찐 루 |  |
| 사진 촬영 금지<br>禁止拍照<br>jìn zhǐ pāi zhào<br>찐 쯔 파이 쨔오 |  | | |

133

## ❹ 사진 촬영

이것은 전원 스위치 입니다.
这个是 电源开关 。
zhè ge shì (diàn yuán kāi guān)
쩌 거 쓰 (띠엔 위엔 카이 꾸안)

### 사진기 명칭

① 전원 스위치
**电源开关**
diàn yuán kāi guān
띠엔 위엔 카이 꾸안

② 셔터 버튼
**拍摄键**
pāi shè jiàn
파이 써 찌엔

③ 셀프타이머
**定时自动拍摄**
dìng shí zì dòng pāi shè
띵 쓰 즈 똥 파이 써

④ 내장 플래쉬
**内置闪光灯**
nèi zhì shǎn guāng dēng
네이 쯔 싼 꾸앙 떵

⑤ 렌즈
**镜头**
jìng tóu
찡 토우

---

▶ **사진 촬영을 부탁할 때**

A: 실례지만, 사진 좀 찍어 주시겠어요?
请问, 能帮忙照张相吗?
qǐng wèn, néng bāng máng zhào zhāng xiàng ma
칭 원, 넝 빵 망 짜오 짱 씨앙 마

B: 어느 버튼을 누르면 되나요?
摁哪个按钮?
èn nǎ gè àn niǔ
언 나 거 안 니우

A: 여기 누르면 돼요.
摁这里。
èn zhè lǐ
언 쩌 리

한 장 더 부탁드려요.
麻烦再来一张。
má fan zài lái yì zhāng
마 판 짜이 라이 이 짱

감사합니다.
谢谢。
xiè xiè
씨에 씨에

▶ **사진 촬영을 허락받을 때**

A: 당신의 사진을 찍어도 될까요?
可以给你照张相吗?
kě yǐ gěi nǐ zhào zhāng xiàng ma
커 이 게이 니 짜오 쟝 씨앙 마

B: 좋아요, 찍으세요.
可以, 照吧。
kě yǐ, zhào ba
커 이, 짜오 빠

미안해요, 바빠서요.
对不起, 我很忙。
duì bu qǐ, wǒ hěn máng
뚜이 뿌 치, 워 헌 망

A: 사진을 보내 드릴게요.
我会把相片发给你。
wǒ huì bǎ xiàng piàn fā gěi nǐ
워 후이 빠 씨앙 피엔 파 게이 니

(이메일) 주소를 적어 주세요.
写一个(电子邮件)地址吧。
xiě yí gè (diàn zǐ yóu jiàn) dì zhǐ ba
씨에 이 꺼 (띠엔 즈 요우 찌엔) 띠 쯔 빠

## 핵심문장 익히기

- 여기에서 사진 찍어도 되나요?
  这里允许照相吗?
  zhè lǐ yǔn xǔ zhào xiàng ma
  쩌 리 윈 쉬 짜오 씨앙 마

- 여기에서 플래시를 터뜨려도 되나요?
  可以开闪光灯吗?
  kě yǐ kāi shǎn guāng dēng ma
  커 이 카이 싼 꾸앙 떵 마

- 여기에서 비디오 촬영해도 되나요?
  这里允许摄像吗?
  zhè lǐ yǔn xǔ shè xiàng ma
  쩌 리 윈 쉬 써 씨앙 마

- 함께 사진 찍으시겠어요?
  要一起照相吗?
  yào yì qǐ zhào xiàng ma
  야오 이 치 짜오 씨앙 마

**❺ 박물관에서**

어느 시대의 ⟨유물⟩ 인가요?

这是哪个时代的 ⟨遗物⟩ ?

zhè shì nǎ ge shí dài de (yí wù)

쩌 쓰 나 꺼 쓰 따이 더 (이 우)

### 박물관

| | | | |
|---|---|---|---|
| 유물<br>**遗物**<br>yí wù<br>이 우 | | 도자기<br>**陶瓷**<br>táo cí<br>타오 츠 | |
| 화석<br>**化石**<br>huà shí<br>후아 쓰 | | 공룡<br>**恐龙**<br>kǒng lóng<br>콩 롱 | |

**핵심문장 익히기**

- 여기는 어떤 전시실인가요?

  这里展示的是什么?

  zhè lǐ zhǎn shì de shì shén me

  쩌 리 짠 쓰 더 쓰 썬 머

- 이것은 어디에 쓰는 물건인가요?

  这个是用来干什么的?

  zhè ge shì yòng lái gàn shén me de

  쩌 거 쓰 용 라이 깐 썬 머 더

137

- 이것의 이름은 무엇인가요?

  这个叫什么名字?

  zhè ge jiào shén me míng zi

  쩌 거 찌아오 썬 머 밍 쯔

- 입구는 어디인가요?

  入口在哪里?

  rù kǒu zài nǎ lǐ

  루 코우 짜이 나 리

入口
**Entrance**

- 출구는 어디인가요?

  出口在哪里?

  chū kǒu zài nǎ lǐ

  추 코우 짜이 나 리

出口
**Exit**

## ❻ 미술관에서

바꿔 말하기

이 작품은 종이공예 입니다.

这个作品是 剪纸艺术 。

zhè ge zuò pǐn shì (jiǎn zhǐ yì shù)

쩌 꺼 쭈오 핀 쓰 (찌엔 쯔 이 쑤)

### 미술관

| 회화 绘画 huì huà 후이 후아 | 전통 회화 传统绘画 chuán tǒng huì huà 추안 통 후이 후아 | 도예 陶艺 táo yì 타오 이 |
|---|---|---|
| 종이공예 剪纸艺术 jiǎn zhǐ yì shù 찌엔 쯔 이 쑤  | 그림자 예술 皮影艺术 pí yǐng yì shù 피 잉 이 쑤  | 소조 塑造 sù zào 수 짜오  |

| 나무 인형<br>木偶<br>mù ǒu<br>무 오우  | 연<br>风筝<br>fēng zhēng<br>펑 쩡  | 자수<br>刺绣<br>cì xiù<br>츠 씨우 |
| --- | --- | --- |
| 서예<br>书法<br>shū fǎ<br>쑤 파  | 조소<br>雕像<br>diāo xiàng<br>띠아오 씨앙  | 조각<br>雕刻<br>diāo kè<br>띠아오 커  |
| 도자기<br>陶瓷<br>táo cí<br>타오 츠  | 옥공예<br>玉雕<br>yù diāo<br>위 띠아오  | |

▶ **작품 종류에 관한 질문**

A: 이 작품은 무엇인가요?
这个作品是什么?
zhè ge zuò pǐn shì shén me
쩌 꺼 쭈오 핀 쓰 선 머

B: 이 작품은 (종이공예)입니다.
这个作品是(剪纸艺术)
zhè ge zuò pǐn shì ( jiǎn zhǐ yì shù )
쩌 꺼 쭈오 핀 쓰 (찌엔 쯔 이 쑤)


**핵심문장 익히기**

· 안내책자 주세요.
请给一个介绍说明手册吧。
qǐng gěi yí gè jiè shào shuō míng shǒu cè ba
칭 게이 이 거 찌에 싸오 쑤오 밍 쏘우 처 빠

- 짐을 어디에 맡기나요?
  在哪里存包?
  zài nǎ lǐ cún bāo
  짜이 나 리 춘 빠오

- 한국인 가이드가 있나요?
  有韩语导游吗?
  yǒu hán yǔ dǎo yóu ma
  요우 한 위 따오 요우 마

- 이것은 누구의 작품인가요?
  这是谁的作品?
  zhè shì shuí de zuò pǐn
  쩌 쓰 쑤이 더 쭈오 핀 (*shéi 쎄이, shuí 쑤이 발음이 두 개임.)

- 이것은 어느 시대의 작품인가요?
  这是哪个时代的作品?
  zhè shì nǎ ge shí dài de zuò pǐn
  쩌 쓰 나 거 쓰 따이 더 쭈오 핀

- 재료가 무엇인가요?
  用的什么材料?
  yòng de shén me cái liào
  용 더 썬 머 차이 리아오

❼ 연극, 영화관에서

바꿔말하기

꼭두각시놀이 를 어디에서 하는지 알려 주세요.
请告诉我 木偶剧 在哪里看。
qǐng gào su wǒ (mù ǒu jù) zài nǎ lǐ kàn
칭 까오 수 워 (무 오우 쥐) 짜이 나 리 칸

## 연극, 영화

| 꼭두각시놀이 <br> **木偶剧** <br> mù ǒu jù <br> 무 오우 쥐  | 그림자 연극 <br> **皮影戏** <br> pí yǐng xì <br> 피 잉 씨  | 영화 <br> **电影** <br> diàn yǐng <br> 띠엔 잉  |
|---|---|---|
| 변검 <br> **变脸** <br> biàn liǎn <br> 삐엔 리엔  | 서커스 <br> **杂技** <br> zá jì <br> 짜 찌  | 가극 <br> **歌剧** <br> gē jù <br> 꺼 쥐  |
| 경극 <br> **京剧** <br> jīng jù <br> 찡 쥐  | 상성 <br> **相声** <br> xiàng sheng <br> 씨앙 셩  | 소림무술 공연 <br> **少林武术表演** <br> shǎo lín wǔ shù biǎo yǎn <br> 쌰오 린 우 쑤 삐아오 이엔 |

장예모의 〈인상유삼저〉
**张艺谋的〈印象刘三姐〉**
zhāng yì móu de 〈yìn xiàng liú sān jiě〉
짱 이 모우 더 〈인 씨앙 리우 산 찌에〉

### 핵심문장 익히기

- 누가 출연하나요?
  **谁演的?**
  shuí yǎn de
  쑤이 이엔 더

- 어떤 장르인가요?
  **什么类型?**
  shén me lèi xíng
  썬 머 레이 씽

- 공연의 내용을 알고 싶어요.

  我想知道演出节目的内容。

  wǒ xiǎng zhī dào yǎn chū jié mù de nèi róng

  워 씨앙 쯔 따오 이엔 추 찌에 무 더 네이 롱


### ❽ 콘서트, 뮤지컬 공연장에서

콘서트 보고 싶어요.

想看 演唱会 。

xiǎng kàn (yǎn chàng huì)

씨앙 칸 (이엔 창 후이)


#### 콘서트, 뮤지컬

| 콘서트 <br> **演唱会** <br> yǎn chàng huì <br> 이엔 창 후이 |  | 뮤지컬 <br> **音乐会** <br> yīn yuè huì <br> 인 위에 후이 |  |
|---|---|---|---|
| 클래식 <br> **古典音乐会** <br> gǔ diǎn yīn yuè huì <br> 꾸 띠엔 인 위에 후이 | | 중국 전통 악기공연 <br> **中国传统乐器表演** <br> zhōng guó chuán tǒng <br> yuè qì biǎo yǎn <br> 쫑 꾸오 추안 통 위에 치 삐아오 이엔 | |


### 핵심문장 익히기

- 제일 좋은 자리로 주세요.

  请给我一个最好的位置。

  qǐng gěi wǒ yí gè zuì hǎo de wèi zhi

  칭 게이 워 이 거 쭈이 하오 더 웨이 쯔

- 제일 저렴한 자리로 주세요.

  请给我一个最便宜的位置。

  qǐng gěi wǒ yí gè zuì pián yi de wèi zhi

  칭 게이 워 이 거 쭈이 피엔 이 더 웨이 쯔

- 티켓을 예약할 수 있나요?

  可以订票吗?

  kě yǐ dìng piào ma

  커 이 띵 피아오 마

❾ 스포츠

저는 볼링 을 좋아해요.

我喜欢 保龄球 。

wǒ xǐ huan (bǎo líng qiú)

워 씨 후안 (빠오 링 치우)

암벽 등반 을 하고 싶어요.

我想 攀岩 。

wǒ xiǎng (pān yán)

워 씨앙 (판 이엔)

활강 하는 곳은 어디인가요?

哪里可以 滑降 ?

nǎ lǐ kě yǐ (huá jiàng)

나 리 커이 (후아 찌앙)

배드민턴 시합을 보고 싶어요.

我想看 羽毛球 比赛。

wǒ xiǎng kàn (yǔ máo qiú) bǐ sài

워 씨앙 칸 (위 마오 치우) 비 사이

## 스포츠 종목

볼링
保龄球
bǎo líng qiú
빠오 링 치우

암벽 등반
攀岩
pān yán
판 이엔

활강
滑降
huá jiàng
후아 찌앙

수상 그네
水上秋千
shuǐ shàng qiū qiān
쑤이 쌍 치우 치엔

패러글라이딩
滑翔跳伞
huá xiáng tiào sǎn
후아 씨앙 티아오 산

번지 점프
蹦极
bèng jí
뻥 찌

낚시
钓鱼
diào yú
띠아오 위

인공 암벽
人工攀岩
rén gōng pān yán
런 꽁 판 이엔

바둑
围棋
wéi qí
웨이 치

카레이싱
赛车
sài chē
사이 처

윈드서핑
冲浪
chōng làng
총 랑

골프
高尔夫
gāo ěr fū
까오 얼 푸

테니스
网球
wǎng qiú
왕 치우

스키
滑雪
huá xuě
후아 쉬에

태극권
太极拳
tài jí quán
타이 찌 추안

소림무술
少林武术
shào lín wǔ shù
싸오 린 우 쑤

말(낙타) 타기
骑马(骆驼)
qí mǎ (luò tuo)
치 마 (루오 투오)

축구
足球
zú qiú
주 치우

배구
排球
pái qiú
파이 치우

야구
棒球
bàng qiú
빵 치우

농구
篮球
lán qiú
란 치우

탁구
乒乓球
pīng pāng qiú
핑 팡 치우

검술
剑术
jiàn shù
찌엔 쑤

수영
游泳
yóu yǒng
요우 용

144

| | | |
|---|---|---|
| 경마<br>**赛马**<br>sài mǎ<br>사이 마 | 권투<br>**拳击**<br>quán jī<br>추안 찌 | 태권도<br>**跆拳道**<br>tái quán dào<br>타이 추안 따오 |
| 검도<br>**剑道**<br>jiàn dào<br>찌엔 따오 | 무에타이<br>**泰拳**<br>tài quán<br>타이 추안 | 격투기<br>**格斗**<br>gé dòu<br>꺼 또우 |
| 씨름<br>**摔跤**<br>shuāi jiāo<br>쑤아이 찌아오 | 당구<br>**台球**<br>tái qiú<br>타이 치우 | 배드민턴<br>**羽毛球**<br>yǔ máo qiú<br>우 마오 치우 |
| 럭비<br>**橄榄球**<br>gǎn lǎn qiú<br>깐 란 치우 | 스쿼시<br>**壁球**<br>bì qiú<br>삐 치우 | 아이스하키<br>**冰球**<br>bīng qiú<br>삥 치우 |
| 핸드볼<br>**手球**<br>shǒu qiú<br>쏘우 치우 | 등산<br>**登山**<br>dēng shān<br>떵 싼 | 인라인<br>**直排轮滑**<br>zhí pái lún huá<br>쯔 파이 룬 후아 |
| 보트<br>**划艇**<br>huá tǐng<br>후아 팅 | 사이클<br>**自行车**<br>zì xíng chē<br>즈 씽 처 | |

▶ **좋아하는 운동, 취미**

A: 무슨 운동을 좋아하세요?
**请问您喜欢什么运动?**
qǐng wèn nín xǐ huan shén me yùn dòng
칭 원 닌 씨 후안 썬 머 운 똥

B: 저는 (볼링)을 좋아해요.
我喜欢(保龄球)。
wǒ xǐ huan (bǎo líng qiú)
워 씨 후안 (빠오 링 치우)

A: 주말에는 주로 뭐하세요?
周末您一般会做什么?
zhōu mò nín yì bān huì zuò shén me
쪼우 모 닌 이 빤 후이 쭈오 썬 머

B: 주말에는 주로 낚시를 하러 가요.
周末我一般会去钓鱼。
zhōu mò wǒ yì bān huì qù diào yú
쪼우 모 워 이 빤 후이 취 띠아오 위

A: 배우고 싶은 운동이 있으세요?
请问您想学习的运动是什么?
qǐng wèn nín xiǎng xué xí de yùn dòng shì shén me
칭 원 닌 씨앙 쉬에 쉬 더 운 똥 쓰 썬 머

B: (암벽 등반)을 하고 싶어요.
我想(攀岩)。
wǒ xiǎng (pān yán)
워 씨앙 (판 이엔)

### 핵심문장 익히기

• 어느 팀이 경기합니까?
哪个队比赛?
nǎ ge duì bǐ sài
나 꺼 뚜이 삐 싸이

• 예약을 부탁합니다.
请给我预定。
qǐng gěi wǒ yù dìng
칭 게이 워 위 띵

## Unit 01. 상점 찾기

바꿔 말하기

백화점 은 어디에 있나요?
百货公司 在哪里?
(bǎi huò gōng sī) zài nǎ lǐ
(빠이 후오 꽁 스) 짜이 나 리

### 상점 이름

| 짝퉁 가게 | 재래시장 | 기념품 가게 |
|---|---|---|
| 仿冒品店 | 集贸市场 | 纪念品商店 |
| fǎng mào pǐn diàn | jí mào shì chǎng | jì niàn pǐn shāng diàn |
| 팡 마오 핀 띠엔 | 찌 마오 쓰 창 | 찌 니엔 핀 쌍 띠엔 |

| 야시장 | 골동품 가게 | 전통 공예품 가게 |
|---|---|---|
| 夜市 | 古玩店 | 传统工艺品商店 |
| yè shì | gǔ wán diàn | chuán tǒng gōng yì pǐn shāng diàn |
| 예 쓰 | 꾸 완 띠엔 | 추안 통 꽁 이 핀 쌍 띠엔 |

| 도매시장 | 쇼핑센터 | 면세점 |
|---|---|---|
| 批发市场 | 购物中心 | 免税店 |
| pī fā shì chǎng | gòu wù zhōng xīn | miǎn shuì diàn |
| 피 파 쓰 창 | 꼬우 우 쭝 씬 | 미엔 쑤이 띠엔 |

| 이케아(IKEA) | 특산품 가게 | 한약방 |
|---|---|---|
| 宜家 | 土特产店 | 中药房 |
| yí jiā | tǔ tè chǎn diàn | zhōng yào fáng |
| 이 찌아 | 투 터 찬 띠엔 | 쭝 야오 팡 |

| 대형 할인점  | 서점  | 화랑  |
|---|---|---|
| **大型超市** | **书店** | **画廊** |
| dà xíng chāo shì | shū diàn | huà láng |
| 따 씽 챠오 쓰 | 쑤 띠엔 | 후아 랑 |

### 핵심문장 익히기

- ~를 사려면 어디로 가야 하나요?

  **我想买~要去哪里?**
  wǒ xiǎng mǎi ~ yào qù nǎ lǐ
  워 씨앙 마이 ~ 야오 취 나 리

- 쇼핑하기 좋은 곳은 어딘가요?

  **去哪里购物比较好?**
  qù nǎ lǐ gòu wù bǐ jiào hǎo
  취 나 리 꼬우 우 삐 찌아오 하오

- 저렴하게 물건을 살만한 곳이 있나요?

  **有没有比较便宜的购物的地方?**
  yǒu méi yǒu bǐ jiào pián yi de gòu wù de dì fang
  워 메이 요우 삐 찌아오 피엔 이 더 꼬우 우 더 띠 팡

- 품질이 좋은 물건을 사려면 어디로 가야 하나요?

  **请问去哪里可以买到质量好的商品?**
  qǐng wèn qù nǎ lǐ kě yǐ mǎi dào zhì liàng hǎo de shāng pǐn
  칭 원 취 나 리 커 이 마이 따오 쯔 리앙 하오 더 쌍 핀

# Unit 02. 물건 구입

남방 을 사려고 해요.
想买 衬衫 。
xiǎng mǎi (chèn shān)
씨앙 마이 (천 싼)

청바지 는 어디에서 파나요?
牛仔裤 在哪里卖?
(niú zǎi kù) zài nǎ lǐ mài
(니우 짜이 쿠) 짜이 나 리 마이

바지 구경 좀 할게요.
随便看看 裤子 。
suí biàn kàn kan (kù zi)
수이 삐엔 칸 칸 (쿠 즈)

치마 는 몇 층에 있나요?
裙子 在几层?
(qún zi) zài jǐ céng
(췬 즈) 짜이 찌 청

---

## 의류매장 服装卖场 fú zhuāng mài chǎng 푸 쭈앙 마이 창

| 티셔츠 | | 남방 | | 블라우스 | |
|---|---|---|---|---|---|
| T恤衫<br>T xù shān<br>티 쉬 싼 | | 衬衫<br>chèn shān<br>쳔 싼 | | 女式衬衫<br>nǚ shì chèn shān<br>뉘 쓰 천 싼 | |
| 청바지 | | 바지 | | 치마 | |
| 牛仔裤<br>niú zǎi kù<br>니우 짜이 쿠 |  | 裤子<br>kù zi<br>쿠 즈 |  | 裙子<br>qún zi<br>췬 즈 |  |

149

| | | |
|---|---|---|
| 속옷<br>**内衣**<br>nèi yī<br>네이 이  | 잠옷<br>**睡衣**<br>shuì yī<br>쑤이 이  | 코트<br>**外套**<br>wài tào<br>와이 타오  |
| 스웨터<br>**毛衣**<br>máo yī<br>마오 이  | 원피스<br>**连衣裙**<br>lián yī qún<br>리엔 이 췬  | 운동복<br>**运动服**<br>yùn dòng fú<br>윤 똥 푸  |
| 재킷<br>**夹克**<br>jiā kè<br>찌아 커  | 우의<br>**雨衣**<br>yǔ yī<br>우 이  | 가죽옷<br>**皮衣**<br>pí yī<br>피 이  |
| 캐쥬얼복<br>**休闲服**<br>xiū xián fú<br>씨우 씨엔 푸  | 남성복<br>**男装**<br>nán zhuāng<br>난 쮸앙  | 여성복<br>**女装**<br>nǚ zhuāng<br>뉘 쮸앙  |
| 아동복<br>**童装**<br>tóng zhuāng<br>통 쮸앙  | 양복<br>**西服**<br>xī fú<br>씨 푸  | |
| 등산복<br>**登山服**<br>dēng shān fú<br>떵 싼 푸  | 골프웨어<br>**高尔夫球服**<br>gāo ěr fū qiú fú<br>까오 얼 푸 치우 푸  | |
| 중국 전통옷<br>**中国传统服装**<br>zhōng guó chuán tǒng fú zhuāng<br>쫑 꾸오 추안 통 푸 쮸앙  | | 실크<br>**丝绸**<br>sī chóu<br>스 초우  |

**부속 의류 服装附属** fú zhuāng fù shǔ 푸 쮸앙 푸 슈

| | |
|---|---|
| 손수건<br>**手绢**<br>shǒu juàn<br>쏘우 쮠엔  | 넥타이<br>**领带**<br>lǐng dài<br>링 따이  |

| 장갑<br>**手套**<br>shǒu tào<br>쏘우 타오  | 스카프<br>**围巾**<br>wéi jīn<br>웨이 찐  | 양말<br>**袜子**<br>wà zi<br>와 즈  |
|---|---|---|
| 신발<br>**鞋子**<br>xié zi<br>씨에 즈  | 구두<br>**皮鞋**<br>pí xié<br>피 씨에  | 운동화<br>**运动鞋**<br>yùn dòng xié<br>윈 똥 씨에  |
| 장화<br>**高筒靴**<br>gāo tǒng xuē<br>까오 통 쉬에  | 샌들<br>**凉鞋**<br>liáng xié<br>리앙 씨에  | 슬리퍼<br>**拖鞋**<br>tuō xié<br>투오 씨에  |

## 차, 식품, 약 **茶, 食品, 药** chá, shí pǐn, yào 챠, 스 핀, 야오

| 녹차<br>**绿茶**<br>lǜ chá<br>뤼 챠  | 용정차<br>**龙井茶**<br>lóng jǐng chá<br>롱 찡 챠  | 우롱차<br>**乌龙茶**<br>wū lóng chá<br>우 롱 챠  |
|---|---|---|
| 자스민차<br>**茉莉花茶**<br>mò lì huā chá<br>모어 리 후아 챠  | 보이차<br>**普洱茶**<br>pǔ ěr chá<br>푸 얼 챠  | 국화차<br>**菊花茶**<br>jú huā chá<br>쥐 후아 챠  |
| 홍차<br>**红茶**<br>hóng chá<br>홍 챠  | 무이암차<br>**武夷岩茶**<br>wǔ yí yán chá<br>우 이 이엔 챠  | 다기<br>**茶具**<br>chá jù<br>챠 쥐  |
| 전통과자<br>**传统点心**<br>chuán tǒng diǎn xin<br>추안 통 띠엔 씬  | 사탕<br>**糖果**<br>táng guǒ<br>탕 꾸오  | 치즈<br>**奶酪**<br>nǎi lào<br>나이 라오  |
| 향료<br>**香料**<br>xiāng liào<br>씨앙 리아오  | 깨<br>**芝麻**<br>zhī ma<br>쯔 마  | 한약재<br>**中药材**<br>zhōng yào cái<br>쭝 야오 차이  |

| 우황청심환  | 건강식품  | 약초 |
|---|---|---|
| **牛黄清心丸** | **健康食品** | **药草** |
| niú huáng qīng xīn wán | jiàn kāng shí pǐn | yào cǎo |
| 니우 후앙 칭 씬 완 | 찌엔 캉 쓰 핀 | 야오 차오 |

보석 **珠宝** zhū bǎo 쭈 빠오

| 보증서를 주세요. | 귀걸이  | 호안석  |
|---|---|---|
| **请给我保证书。** | **耳环** | **虎眼石** |
| qǐng gěi wǒ bǎo zhèng shū | ěr huán | hǔ yǎn shí |
| 칭 게이 워 빠오 쩡 쑤 | 얼 후안 | 후 이엔 쓰 |

| 반지  | 목걸이  | 팔찌  |
|---|---|---|
| **戒指** | **项链** | **手链** |
| jiè zhi | xiàng liàn | shǒu liàn |
| 찌에 쯔 | 씨앙 리엔 | 쏘우 리엔 |

| 순금  | 상아  | 옥  |
|---|---|---|
| **纯金** | **象牙** | **玉** |
| chún jīn | xiàng yá | yù |
| 춘 찐 | 씨앙 야 | 위 |

| 진주  | 원석  | 칠기 |
|---|---|---|
| **珍珠** | **天然宝石** | **漆器** |
| zhēn zhū | tiān rán bǎo shí | qī qì |
| 쩐 쭈 | 티엔 란 빠오 쓰 | 치 치 |

| 비취  | 대리석  | 은세공품  |
|---|---|---|
| **翡翠** | **大理石** | **银手工艺品** |
| fěi cuì | dà lǐ shí | yín shǒu gōng yì pǐn |
| 페이 추이 | 따 리 쓰 | 인 쏘우 꽁 이 핀 |

액세서리 **配饰** pèi shì 페이 스

| 벨트 | 선글라스 | 가방 / 지갑 |
|---|---|---|
| **腰带** | **太阳镜** | **包 / 钱包** |
| yāo dài | tài yáng jìng | bāo / qián bāo |
| 야오 따이 | 타이 양 찡 | 빠오 / 치엔 빠오 |

| | | |
|---|---|---|
| 모자<br>**帽子**<br>mào zi<br>마오 즈  | 시계<br>**表**<br>biǎo<br>삐아오  | 안경<br>**眼镜**<br>yǎn jìng<br>이엔 찡  |

**화장품 化妆品** huà zhuāng pǐn 후아 쭈앙 핀

| | | |
|---|---|---|
| 스킨<br>**化妆水**<br>huà zhuāng shuǐ<br>후아 쭈앙 쑤이  | 로션<br>**乳液**<br>rǔ yè<br>루 예  | 에센스<br>**精华液**<br>jīng huá yè<br>찡 후아 예  |
| 메이크업 베이스<br>**隔离霜**<br>gé lí shuāng<br>꺼 리 쑤앙  | 비비크림<br>**BB霜**<br>BB shuāng<br>비비 쑤앙  | 파운데이션<br>**粉底**<br>fěn dǐ<br>펀 띠  |
| 립글로스<br>**唇蜜**<br>chún mì<br>춘 미  | 립스틱<br>**唇膏**<br>chún gāo<br>추안 까오  | 아이섀도<br>**眼影**<br>yǎn yǐng<br>이엔 잉  |
| 마스카라<br>**睫毛膏**<br>jié máo gāo<br>찌에 마오 까오  | 매니큐어<br>**指甲油**<br>zhǐ jia yóu<br>쯔 찌아 요우  | 향수<br>**香水**<br>xiāng shuǐ<br>씨앙 쑤이  |
| 영양크림<br>**营养霜**<br>yǐng yǎng shuāng<br>잉 양 쑤앙  | 선크림<br>**防晒霜**<br>fáng shài shuāng<br>팡 싸이 슈앙  | |

**전자제품, 가구 电子产品, 家具**
diàn zǐ chǎn pǐn, jiā jù 띠엔 즈 찬 핀, 찌아 쥐

| | |
|---|---|
| 카메라<br>**相机**<br>xiàng jī<br>씨앙 찌  | DVD 판매점<br>**DVD音像店**<br>DVD yīn xiàng diàn<br>디브이디 인 씨앙 띠엔  |

Chapter 04 쇼핑

| 게임 DVD<br>**游戏DVD**<br>yóu xì DVD<br>요우 씨 디브이디  | 노트북<br>**笔记本电脑**<br>bǐ jì běn diàn nǎo<br>삐 찌 뻔 띠엔 나오 | 컴퓨터<br>**电脑**<br>diàn nǎo<br>띠엔 나오  |
|---|---|---|
| 핸드폰<br>**手机**<br>shǒu jī<br>쏘우 찌  | 텔레비전<br>**电视机**<br>diàn shì jī<br>띠엔 쓰 찌  | MP3<br>**MP3**<br>mp sān<br>엠피 싼  |

| 거실용품<br>**家居用品**<br>jiā jū yòng pǐn<br>찌아 쥐 용 핀  | 주방용품<br>**厨房用品**<br>chú fáng yòng pǐn<br>추 팡 용 핀  | 골프용품<br>**高尔夫用品**<br>gāo ěr fū yòng pǐn<br>까오 얼 푸 용 핀  |
|---|---|---|
| 침구류<br>**床上用品**<br>chuáng shàng yòng pǐn<br>추앙 쌍 용 핀  | 맞춤 가구<br>**定制家具**<br>dìng zhì jiā jù<br>띵 쯔 찌아 쥐  | |
| 문방사우, 기념품<br>**文房四宝, 纪念品**<br>wén fang sì bǎo, jì niàn pǐn<br>원 팡 스 빠오, 찌 니엔 핀 | 벼루<br>**砚台**<br>yàn tái<br>이엔 타이  | 종이<br>**纸**<br>zhǐ<br>쯔  |
| 붓<br>**毛笔**<br>máo bǐ<br>마오 삐  | 도장<br>**图章**<br>tú zhāng<br>투 짱  | 열쇠고리<br>**钥匙扣**<br>yào shi kòu<br>야오 쓰 코우  |
| 중국화<br>**中国画**<br>zhōng guó huà<br>쯩 꾸오 후아  | 고서 / 책<br>**古籍 / 书**<br>gǔ jí / shū<br>꾸 찌 / 쑤  | 장난감<br>**玩具**<br>wán jù<br>완 쮜  |
| 인형<br>**玩偶**<br>wán ǒu<br>완 오우  | 기념엽서<br>**明信片**<br>míng xìn piàn<br>밍 씬 피엔  | 우표<br>**邮票**<br>yóu piào<br>요우 피아오  |

| 옛날 동전 | 은제품 | 도자기 인형 |
|---|---|---|
| 旧铜钱  | 银器  | 陶瓷玩偶  |
| jiù tóng qián | yín qì | táo cí wán ǒu |
| 찌우 통 치엔 | 인 치 | 타오 츠 완 오우 |
| 홍등 | 손거울 | 자수 제품 |
| 红灯笼  | 小镜子  | 刺绣品  |
| hóng dēng lóng | xiǎo jìng zi | cì xiù pǐn |
| 홍 떵 롱 | 씨아오 찡 즈 | 츠 씨우 핀 |
| 부채 | 명주솜 | 골동품 |
| 扇子  | 丝棉套子  | 古董  |
| shàn zi | sī mián tào zi | gǔ dǒng |
| 싼 즈 | 스 미엔 타오 즈 | 꾸 동 |

▶ **물건을 구입할 때**

A: (청바지)는 어디에서 파나요?
**请问哪里卖(牛仔裤)?**
qǐng wèn nǎ lǐ mài (niú zǎi kù)
칭 원 나 리 마이 (니우 짜이 쿠)

B: 2층에서 팝니다.
**在2楼卖。**
zài èr lóu mài
짜이 얼 로우 마이

무엇을 도와드릴까요?
**请问有什么可以帮到您?**
qǐng wèn yǒu shén me kě yǐ bāng dào nín
칭 원 요우 썬 머 커 이 빵 따오 닌

A: (청바지)를 사려고 해요. 구경 좀 할게요.
**我想买(牛仔裤)。先在这里随便看一下。**
wǒ xiǎng mǎi (niú zǎi kù). xiān zài zhè lǐ suí biàn kàn yí xià
워 씨앙 마이 (니우 짜이 쿠). 씨엔 짜이 쩌 리 쑤이 삐엔 칸 이 씨아

**B:** 편하게 구경하세요.
请您随便看。
qǐng nín suí biàn kàn
칭 닌 쑤이 삐엔 칸

## 핵심문장 익히기

- 이것은 무엇입니까?
这是什么?
zhè shì shén me
쩌 쓰 썬 머

- 저것은 무엇입니까?
那是什么?
nà shì shén me
나 쓰 썬 머

- 언제 문을 여나요?
几点开门?
jǐ diǎn kāi mén
찌 띠엔 까이 먼

- 언제 문을 닫나요?
几点关门?
jǐ diǎn guān mén
찌 띠엔 꾸안 먼

# Unit 03. 물건 고르기

## ❶ 물건 찾기

바꿔 말하기

다른 종류 를 보여 주세요.

请给我看一下 其他种类 。

qǐng gěi wǒ kàn yí xià (qí tā zhǒng lèi)

칭 게이 워 칸 이 씨아 (치 타 쫑 레이)

| 이것 | 저것 | 더 화려한 것 |
|---|---|---|
| 这个 | 那个 | 更华丽的 |
| zhè ge | nà ge | gèng huá lì de |
| 쩌 거 | 나 거 | 껑 후아 리 더 |

| 더 큰 사이즈 | 더 작은 사이즈 | 더 수수한 것 |
|---|---|---|
| 更大码的 | 更小码的 | 普通点的 |
| gèng dà mǎ de | gèng xiǎo mǎ de | pǔ tōng diǎn de |
| 껑 따 마 더 | 껑 씨아오 마 더 | 푸 통 띠엔 더 |

| 유행상품 | 더 무거운 것 | 더 가벼운 것 |
|---|---|---|
| 流行商品 | 更重的 | 更轻的 |
| liú xíng shāng pǐn | gèng zhòng de | gèng qīng de |
| 리우 씽 쌍 핀 | 껑 쫑 더 | 껑 칭 더 |

| 더 긴 것 | 더 짧은 것 | 다른 종류 |
|---|---|---|
| 更长的 | 更短的 | 其他种类 |
| gèng cháng de | gèng duǎn de | qí tā zhǒng lèi |
| 껑 창 더 | 껑 뚜안 더 | 치 타 쫑 레이 |

| 다른 디자인 | 다른 색깔 | 더 싼 것 |
|---|---|---|
| 其他款式 | 其他颜色 | 更便宜的 |
| qí tā kuǎn shì | qí tā yán sè | gèng pián yi de |
| 치 타 쿠안 쓰 | 치 타 이엔 서 | 껑 피엔 이 더 |

| 더 비싼 것<br>**更贵的**<br>gèng guì de<br>껑 꾸이 더  | 신상품<br>**新款**<br>xīn kuǎn<br>씬 쿠안  | 몇 가지<br>**几种**<br>jǐ zhǒng<br>찌 쭝  |
|---|---|---|

## ❷ 색상

> 저는 | 빨간색 | 을 원합니다.
> 我想要 | 红色 | 。
> wǒ xiǎng yào (hóng sè)
> 워 씨앙 야오 (홍 써)

| 빨간색<br>**红色**<br>hóng sè<br>홍 써 | 주황색<br>**橘黄色**<br>jú huáng sè<br>쥐 후앙 써 | 노란색<br>**黄色**<br>huáng sè<br>후앙 써 |
|---|---|---|
| 초록색<br>**草绿色**<br>cǎo lǜ sè<br>차오 뤼 써 | 파란색<br>**天蓝色**<br>tiān lán sè<br>티엔 란 써 | 남색<br>**蓝色**<br>lán sè<br>란 써 |
| 보라색<br>**紫色**<br>zǐ sè<br>즈 써 | 상아색<br>**象牙色**<br>xiàng yá sè<br>씨앙 야 써 | 황토색<br>**土黄色**<br>tǔ huáng sè<br>투 후앙 써 |
| 검은색<br>**黑色**<br>hēi sè<br>헤이 써 | 회색<br>**灰色**<br>huī sè<br>후이 써 | 흰색<br>**白色**<br>bái sè<br>빠이 써 |

| 갈색<br>**褐色**<br>hè sè<br>허 써  | 분홍색<br>**粉红色**<br>fěn hóng sè<br>펀 훙 써  | 하늘색<br>**淡蓝色**<br>dàn lán sè<br>딴 란 써  |

## ❸ 재질

바꿔 말하기

**면** 제품을 보여 주세요.

请给我看一下 **棉** 制品 。

qǐng gěi wǒ kàn yí xià (mián) zhì pǐn

칭 게이 워 칸 이 씨아 (미엔) 쯔 핀

| 면<br>**棉**<br>mián<br>미엔  | 마<br>**麻**<br>má<br>마  | 실크<br>**绸**<br>chóu<br>초우  |
| 울<br>**羊绒**<br>yáng<br>róng<br>양 룽  | 가죽<br>**皮**<br>pí<br>피  | 폴리에스테르<br>**涤纶**<br>dí lún<br>띠 룬  |

## ❹ 착용

바꿔 말하기

**입어 봐도** 될까요?

能试 **穿** 一下吗?

néng shì (chuān) yí xià ma

넝 쓰 (추안) 이 씨아 마

159

| 입다, 신다<br>穿<br>chuān<br>추안 | 메다<br>系<br>jì<br>찌 | 먹다<br>吃<br>chī<br>츠 |
| --- | --- | --- |
| 바르다<br>擦<br>cā<br>차 | 들다<br>提<br>tí<br>티 | 만지다<br>摸<br>mō<br>모어 |
| 쓰다<br>用<br>yòng<br>용 | 착용하다<br>戴<br>dài<br>따이 | |

▶ **치수, 색상, 재질 등을 물어볼 때**

A: (이것) 좀 보여 주세요.
(这个)请给我看一下。
(zhè ge) qǐng gěi wǒ kàn yí xià
(쩌 꺼) 칭 게이 워 칸 이 씨아

B: 치수가 어떻게 되세요?
请问您穿的尺寸是多少?
qǐng wèn nín chuān de chǐ cùn shì duō shǎo
칭 원 닌 추안 더 츠 춘 쓰 뚜오 싸오

A: 제 치수는 (S / M / L)예요.
我的尺寸是(S / M / L)。
wǒ de chǐ cùn shì (S / M / L)
워 더 츠 춘 쓰 (에스 / 엠 / 엘)

제 사이즈를 잘 모르겠어요.
我也不太清楚我的尺寸是多少。
wǒ yě bú tài qīng chu wǒ de chǐ cùn shì duō shǎo
워 예 뿌 타이 칭 추 워 더 츠 춘 쓰 뚜오 싸오

사이즈를 재 주세요.
帮我量一下尺寸吧。
bāng wǒ liáng yí xià chǐ cùn ba
빵 워 리앙 이 씨아 츠 춘 빠

B: Small 사이즈 입으시면 되겠네요.
穿小号尺寸的就可以。
chuān xiǎo hào chǐ cùn de jiù kě yǐ
춘 씨아오 하오 츠 춘 더 찌우 커 이

A: 옷은 어디에서 갈아입죠?
请问在哪里换衣服?
qǐng wèn zài nǎ lǐ huàn yī fu
칭 원 짜이 나 리 후안 이 푸

B: 탈의실에서 갈아입으세요.
请到那边更衣室换衣服。
qǐng dào nà biān gēng yī shì huàn yī fu
칭 따오 나 삐엔 껑 이 쓰 후안 이 푸

A: 저한테 어울리나요?
这件衣服适合我吗?
zhè jiàn yī fu shì hé wǒ ma
쩌 찌엔 이 푸 쓰 허 워 마

B: 잘 어울려요.
很适合您。
hěn shì hé nín
헌 쓰 허 닌

A: 이 색깔이 저한테 어울리나요?
这个颜色适合我吗?
zhè ge yán sè shì hé wǒ ma
쩌 꺼 이엔 써 쓰 허 워 마

**B:** 잘 어울려요.
很适合您。
hěn shì hé nín
헌 쓰 허 닌

**A:** (다른 색깔)을 보여 주세요.
请给我看一下(其他颜色)的。
qǐng gěi wǒ kàn yí xià (qí tā yán sè) de
칭 게이 워 칸 이 씨아 (치 타 이엔 써) 더

무슨 색깔이 있나요?
有什么颜色的?
yǒu shén me yán sè de
요우 썬 머 이엔 써 더

**B:** 빨간색과 흰색이 있습니다.
有红色和白色的。
yǒu hóng sè hé bái sè de
요우 홍 써 허 빠이 써 더

**A:** 저는 (빨간색)을 원합니다.
我想要(红色)。
wǒ xiǎng yào (hóng sè)
워 씨앙 야오 (홍 써)

이것의 재질은 무엇입니까?
这个是什么材质的?
zhè ge shì shén me cái zhì de
쩌 꺼 쓰 썬 머 차이 쯔 더

**B:** 이것은 폴리에스테르입니다.
这个是涤纶的。
zhè ge shì dí lún de
쩌 꺼 쓰 띠 륀 더

**A:** (면) 제품을 보여 주세요.
请给我看一下(棉)制品的。
qǐng gěi wǒ kàn yí xià (mián) zhì pǐn de
칭 께이 워 칸 이 씨아 (미엔) 쯔 핀 더

# 핵심문장 익히기

- 진품인가요?
  是真品吗?
  shì zhēn pǐn ma
  쓰 쩐 핀 마

- 필요 없어요.
  不需要。
  bù xū yào
  뿌 쉬 야오

- 안 사요.
  不买。
  bù mǎi
  뿌 마이

- 돈이 없어요.
  没钱。
  méi qián
  메이 치엔

- 다른 곳 좀 보고 올게요.
  我再去其它地方看看。
  wǒ zài qù qí tā dì fang kàn kàn
  워 짜이 취 치 타 띠 팡 칸 칸

# Unit 04. 물건 사기

이것은  100위안  입니다.

这是  一百元 。

zhè shì (yì bǎi yuán)

쩌 쓰 (이 빠이 위엔)

---

지폐 纸币 zhǐ bì 쯔 삐

100위안
一百元
(一百块)
yì bǎi yuán (yì bǎi kuài)
이 빠이 위엔 (이 빠이 쿠아이)

50위안
五十元
(五十块)
wǔ shí yuán (wǔ shí kuài)
우 쓰 위엔 (우 쓰 쿠아이)

20위안
二十元
(二十块)
èr shí yuán (èr shí kuài)
얼 쓰 위엔 (얼 쓰 쿠아이)

10위안
十元
(十块)
shí yuán (shí kuài)
쓰 위엔 (쓰 쿠아이)

5위안
五元
wǔ yuán (wǔ kuài)
우 위엔 (우 쿠아이)

동전, 지폐 혼용 硬币,纸币混用 yìng bì, zhǐ bì hùn yòng 잉 삐, 쯔 삐 훈 용

1위안
一元
(一块)
yì yuán (yí kuài)
이 위엔 (이 쿠아이)

1각
一角
(一毛)
yì jiǎo (yì máo)
이 찌아오 (이 마오)

5각
五角
(五毛)
wǔ jiǎo (wǔ máo)
우 찌아오 (우 마오)

1분
一分
yì fēn
이 펀

2분
两分
liǎng fēn
리앙 펀

5분
五分
wǔ fēn
우 펀

## 바꿔 말하기

**50%** 할인됩니다.

打 **5折** 。

dǎ wǔ zhé

다 우 쩌

### 할인

| 1절 (90% 할인)<br>**1折**<br>yī zhé<br>이 쩌 |  | 2절 (80% 할인)<br>**2折**<br>liǎng zhé<br>리앙 쩌 |  |
|---|---|---|---|

| 3절 (70% 할인)<br>**3折**<br>sān zhé<br>산 쩌 |  | 4절 (60% 할인)<br>**4折**<br>sì zhé<br>스 쩌 |  | 5절 (50% 할인)<br>**5折**<br>wǔ zhé<br>우 쩌 |  |

## 바꿔 말하기

**신용카드** 로 결제할게요.

用 **信用卡** 结帐。

yòng (xìn yòng kǎ) jié zhàng

용 (씬 용 카) 찌에 짱

### 결제

| 여행자수표<br>**旅行支票**<br>lǚ xíng zhī piào<br>뤼 씽 쯔 피아오 |  | 현금<br>**现金**<br>xiàn jīn<br>씨엔 찐 |  |
|---|---|---|---|
| 체크카드<br>**借记卡**<br>jiè jì kǎ<br>찌에 찌 카 |  | 달러<br>**美金**<br>měi jīn<br>메이 찐 |  |

165

**A:** 이건 얼마예요?
这个多少钱?
zhè ge duō shǎo qián
쩌 꺼 뚜오 샤오 치엔

**B:** (100위안)이에요.
(一百块)钱。
(yì bǎi kuài) qián
(이 빠이 쿠아이) 치엔

**A:** 얼마나 할인된 가격인가요?
这是打了几折的价钱啊?
zhè shì dǎ le jǐ zhé de jià qián a
쩌 쓰 따 러 찌 쩌 더 찌아 치엔 아

**B:** (50%) 할인됩니다.
打(5折)。
dǎ (wǔ zhé)
다 (우 쩌)

**A:** 너무 비싸요, 깎아 주세요.
太贵了, 便宜一点吧。
tài guì le, pián yi yì diǎn ba
타이 꾸이 러, 피엔 이 이 디엔 빠

**B:** 안 돼요.
不行。
bù xíng
뿌 씽

**A:** 너무 비싸서 못 사겠네요, 그럼 갈게요.
太贵了, 我去其他地方看看。
tài guì le, wǒ qù qí tā dì fang kàn kàn
타이 꾸이 러, 워 취 치 타 띠 팡 칸 칸

166

B: 잠깐만요, 얼마나 깎아 줄까요?
你稍等一下, 你需要我便宜多少呢?
shāo děng yí xià, nǐ xū yào wǒ pián yi duō shǎo ne
쌰오 떵 이 씨아, 니 쉬 야오 워 피엔 이 뚜오 쌰오 너

A: 50위안요.
50块。
wǔ shí kuài
우 쓰 쿠아이

B: 너무 심하게 깎으시네요, 70위안으로 해드릴게요.
你砍价砍得太多了, 70块我卖给你。
nǐ kǎn jià kǎn de tài duō le, qī shí kuài wǒ mài gěi nǐ
니 칸 찌아 칸 더 타이 뚜오 러, 치 쓰 쿠아이 워 마이 게이 니

A: 그럼, 60위안으로 해 주세요.
那么, 六十块你卖给我吧。
nà me, liù shí kuài nǐ mài gěi wǒ ba
나 머, 리우 쓰 쿠아이 니 마이 게이 워 빠

B: 65위안까지 해 드릴게요.
六十五块我卖给你。
liù shí wǔ kuài wǒ mài gěi nǐ
리우 쓰 우 쿠아이 워 마이 게이 니

A: 돈이 이것밖에 없어요.
我就只有这些钱了。
wǒ jiù zhǐ yǒu zhè xiē qián le
워 찌우 쯔 요우 쩌 씨에 치엔 러

B: 좋아요, 60위안만 주세요.
好, 给我六十块吧。
hǎo, gěi wǒ liù shí kuài ba
하오, 게이 워 리우 쓰 쿠아이 빠

A: 고마워요, 복 받으실 거예요.
谢谢, 祝你生意兴隆。
xiè xie, zhù nǐ shēng yì xīng lóng
씨에 씨에, 쭈 니 셩 이 씽 롱

**B:** 무엇으로 결제하실 거예요?
以什么方式结账?
yǐ shén me fāng shì jié zhàng
이 썬 머 팡 쓰 찌에 짱

**A:** (신용카드)로 결제할게요.
用(信用卡)结账。
yòng (xìn yòng kǎ) jié zhàng
용 (씬 용 카) 찌에 짱

## 핵심문장 익히기

구매

- 이것이 마음에 드네요.
我喜欢这个。
wǒ xǐ huan zhè ge
워 씨 후안 쩌 꺼

- 이것으로 주세요.
请给我这个。
qǐng gěi wǒ zhè ge
칭 게이 워 쩌 꺼

계산

- 계산해 주세요.
算一下多少钱。
suàn yí xià duō shǎo qián
수안 이 씨아 뚜오 쌰오 치엔

168

- 현금인출기가 어디 있나요?

  哪里有自动取款机？

  nǎ lǐ yǒu zì dòng qǔ kuǎn jī

  나 리 요우 즈 똥 취 쿠안 찌

- 영수증 주세요.

  请给我开发票。

  qǐng gěi wǒ kāi fā piào

  칭 게이 워 카이 파 피아오

포장

- 이것은 다른 사람에게 줄 선물이에요.

  这个是要给别人的礼物。

  zhè ge shì yào gěi bié rén de lǐ wù

  쩌 꺼 쓰 야오 게이 삐에 런 더 리 우

- 따로따로 포장해주세요.

  请分开包装。

  qǐng fēn kāi bāo zhuāng

  칭 펀 카이 빠오 쭈앙

- 같이 포장해주세요.

  请一起包装。

  qǐng yì qǐ bāo zhuāng

  칭 이 치 빠오 쭈앙

- 가격표를 떼 주세요.

  请摘下价格标签。

  qǐng zhāi xià jià gé biāo qiān

  칭 짜이 씨아 찌아 꺼 삐아오 치엔

- 배송해 주세요.

  请帮我用快递送。

  qǐng bāng wǒ yòng kuài dì sòng

  칭 빵 워 용 쿠아이 띠 송

- 오늘 배달이 가능한가요?

  今天能送快递吗?

  jīn tiān néng sòng kuài dì ma

  찐 티엔 넝 송 쿠아이 띠 마

- 배달료는 얼마예요?

  快递费多少?

  kuài dì fèi duō shǎo

  쿠아이 띠 페이 뚜오 쌰오

- 이 주소로 보내 주세요.

  请送到这个地址。

  qǐng sòng dào zhè ge dì zhǐ

  칭 송 따오 쩌 거 띠 쯔

- 구입한 것이 배달되지 않았어요.

  我没有收到购买的东西。

  wǒ méi yǒu shōu dào gòu mǎi de dōng xī

  워 메이 요우 쏘우 따오 꼬우 마이 더 똥시

교환, 환불

- 사이즈가 안 맞아요.

  大小不合适。

  dà xiǎo bù hé shì

  따 씨아오 뿌 허 쓰

- 디자인이 마음에 안 들어요.

  不喜欢这种款式。

  bù xǐ huan zhè zhǒng kuǎn shì

  뿌 씨 후안 쩌 쫑 쿠안 쓰

- 물건에 흠이 있어요.

  这个产品有问题。

  zhè ge chǎn pǐn yǒu wèn tí

  쩌 거 찬 핀 요우 원 티

- 작동을 안 해요.

  没反应。

  méi fǎn yìng

  메이 판 잉

- 파손됐어요.

  破损了。

  pò sǔn le

  포어 순 러

- 망가졌어요.

  弄坏了。

  nòng huài le

  농 후아이 러

- 찢어졌어요.

  撕破了。

  sī pò le

  스 포어 러

- 환불해 주세요.

  我要退货。

  wǒ yào tuì huò

  워 야오 투이 후오

- 교환해 주세요.

  我要换货。

  wǒ yào huàn huò

  워 야오 후안 후오

- 이것을 고쳐 주세요.

  请帮我修改一下这里。

  qǐng bāng wǒ xiū gǎi yí xià zhè lǐ

  칭 빵 워 씨우 까이 이 씨아 쩌 리

- 아직 사용하지 않았어요.

  还没用过。

  hái méi yòng guò

  하이 메이 용 꾸오

- 영수증 여기 있습니다.

  请收好发票。

  qǐng shōu hǎo fā piào

  칭 쏘우 하오 파 피아오

# ❶ 슈퍼마켓에서 물건 사기

바꿔 말하기

생수 는 어디 있나요?

水 在哪里?

(shuǐ) zài nǎ lǐ

(쑤이) 짜이 나 리

우유 는 얼마예요?

牛奶 多少钱?

(niú nǎi) duō shǎo qián

(니우 나이) 뚜오 쌰오 치엔

## 슈퍼마켓 물건

| 생수<br>水<br>shuǐ<br>쑤이  | 우유<br>牛奶<br>niú nǎi<br>니우 나이  | 녹차 (설탕첨가)<br>绿茶 (有糖)<br>lǜ chá (yǒu táng)<br>뤼 챠 (요우 탕)  |
| --- | --- | --- |
| 오렌지주스<br>橙汁<br>chéng zhī<br>쳥 쯔  | 커피<br>咖啡<br>kā fēi<br>카 페이  | 왕라오지<br>王老吉<br>wáng lǎo jí<br>왕 라오 찌  |
| 요플레<br>酸奶<br>suān nǎi<br>수안 나이  | 콜라<br>可乐<br>kě lè<br>커 러  | 사이다<br>雪碧<br>xuě bì<br>쉬에 삐  |
| 맥주<br>啤酒<br>pí jiǔ<br>피 찌우  | 농부과원<br>农夫果园<br>nóng fū guǒ yuán<br>농 푸 꾸오 위엔  | 환타<br>芬达<br>fēn dá<br>펀 따  |
| 냉홍차<br>冰红茶<br>bīng hóng chá<br>삥 훙 챠  | 샴푸<br>洗发水<br>xǐ fà shuǐ<br>씨 파 쑤이  | 린스<br>护发素<br>hù fà sù<br>후 파 수  |

173

| | | |
|---|---|---|
| 치약<br>**牙膏**<br>yá gāo<br>야 까오  | 칫솔<br>**牙刷**<br>yá shuā<br>야 쑤아  | 가그린<br>**漱口水**<br>shù kǒu shuǐ<br>쑤 코우 쑤이  |
| 비누<br>**香皂**<br>xiāng zào<br>씨앙 자오  | 면도기<br>**刮胡刀**<br>guā hú dāo<br>꾸아 후 따오  | 머리끈<br>**头绳**<br>tóu shéng<br>토우 썽  |
| 빗<br>**梳子**<br>shū zi<br>쑤 즈  | 손톱깍기<br>**指甲刀**<br>zhǐ jiǎ dāo<br>쯔 찌아 따오  | 스킨<br>**化妆水**<br>huà zhuāng shuǐ<br>후아 쭈앙 쑤이  |
| 로션<br>**乳液**<br>rǔ yè<br>루 예  | 물티슈<br>**湿巾**<br>shī jīn<br>쓰 찐  | 화장지<br>**卫生纸**<br>wèi shēng zhǐ<br>웨이 썽 쯔  |
| 생리대<br>**卫生巾**<br>wèi shēng jīn<br>웨이 썽 찐  | 기저귀<br>**尿布湿**<br>niào bù shī<br>니아오 뿌 쓰  | 스타킹<br>**丝袜**<br>sī wà<br>스 와  |
| 양말<br>**袜子**<br>wà zi<br>와 즈  | 편지봉투<br>**信封**<br>xìn fēng<br>씬 펑  | 우산<br>**雨伞**<br>yǔ sǎn<br>위 산  |
| 담배<br>**烟**<br>yān<br>이엔  | 라이터<br>**打火机**<br>dǎ huǒ jī<br>따 후오 찌  | 건전지<br>**电池**<br>diàn chí<br>띠엔 츠  |
| 쇼핑백<br>**购物袋**<br>gòu wù dài<br>꼬우 우 따이  | 볼펜<br>**圆珠笔**<br>yuán zhū bǐ<br>위엔 쭈 삐  | 테이프<br>**胶布**<br>jiāo bù<br>찌아오 뿌  |

| 종이컵 | 컵라면 | 소시지 |
|---|---|---|
| 纸杯  | 碗面  | 香肠  |
| zhǐ bēi | wǎn miàn | xiāng cháng |
| 쯔 뻬이 | 완 미엔 | 씨앙 챵 |

| 대나무잎 밥 | 컵 당면(스펀) | 사탕 |
|---|---|---|
| 粽子  | 粉丝面  | 糖  |
| zòng zi | fěn sī miàn | táng |
| 쫑 즈 | 펀 스 미엔 | 탕 |

| 아이스크림 | 껌 | 초콜릿 |
|---|---|---|
| 冰淇淋  | 口香糖  | 巧克力  |
| bīng qí lín | kǒu xiāng táng | qiǎo kè lì |
| 삥 치 린 | 코우 씨앙 탕 | 치아오 커 리 |

| 해바라기씨 | 땅콩 |
|---|---|
| 葵花子  | 花生  |
| kuí huā zǐ | huā shēng |
| 쿠이 후아 즈 | 후아 셩 |

| 마시멜로 | 모기약 | 방취제 |
|---|---|---|
| 棉花软糖  | 驱蚊剂  | 除臭剂  |
| mián huā ruǎn táng | qū wén jì | chú chòu jì |
| 미엔 후아 루안 탕 | 취 원 찌 | 추 쵸우 찌 |

| 면도 크림 | 면도날 |
|---|---|
| 剃胡膏  | 剃须刀片  |
| tì hú gāo | tì xū dāo piàn |
| 티 후 까오 | 티 쉬 따오 피엔 |

## 핵심문장 익히기

- 여기 설탕이 들었나요?

  这里面放糖了吗?

  zhè lǐ miàn fàng táng le ma

  쩌 리 미엔 팡 탕 러 마

- 시원한 것으로 주세요.
  请给我冰的。
  qǐng gěi wǒ bīng de
  칭 게이 워 삥 더

- 따뜻한 것으로 주세요.
  请给我热的。
  qǐng gěi wǒ rè de
  칭 게이 워 르어 더

## ❷ 과일 사기

| 렌우 | 한 근에 얼마예요? |
|---|---|
| 莲雾 | 多少钱一斤？ |

(lián wù) duō shǎo qián yì jīn
(리엔 우) 뚜오 싸오 치엔 이 찐

### 과일

| 렌우<br>莲雾<br>lián wù<br>리엔 우 | 용안<br>龙眼<br>lóng yǎn<br>롱 위엔 | 여지<br>荔枝<br>lì zhī<br>리 쯔 |
|---|---|---|
| 망고<br>芒果<br>máng guǒ<br>망 꾸오 | 비파<br>枇杷<br>pí pá<br>피 파 | 망고스틴<br>山竹<br>shān zhú<br>싼 쭈 |
| 산사<br>山楂<br>shān zhā<br>싼 짜 | 양매<br>杨梅<br>yáng méi<br>양 메이 | 양다래<br>杨桃<br>yáng táo<br>양 타오 |

| | | |
|---|---|---|
| 유자<br>**柚子**<br>yòu zi<br>요우 즈  | 하미과<br>**哈密瓜**<br>hā mì guā<br>하 미 꾸아  | 홍마오딴<br>**红毛丹**<br>hóng máo dān<br>홍 마오 딴  |
| 사과<br>**苹果**<br>píng guǒ<br>핑 꾸오  | 배<br>**梨**<br>lí<br>리  | 귤<br>**橘子**<br>jú zi<br>쥐 즈  |
| 수박<br>**西瓜**<br>xī guā<br>씨 꾸아  | 포도<br>**葡萄**<br>pú táo<br>푸 타오  | 복숭아<br>**桃子**<br>táo zi<br>타오 즈  |
| 멜론<br>**甜瓜**<br>tián guā<br>티엔 꾸아  | 앵두<br>**樱桃**<br>yīng táo<br>잉 타오  | 오렌지<br>**橙子**<br>chéng zi<br>청 즈  |
| 레몬<br>**柠檬**<br>níng méng<br>닝 멍  | 바나나<br>**香蕉**<br>xiāng jiāo<br>씨앙 찌아오  | 자두<br>**李子**<br>lǐ zi<br>리 즈  |
| 두리안<br>**榴莲**<br>liú lián<br>리우 리엔  | 살구<br>**杏子**<br>xìng zi<br>씽 즈  | 감<br>**柿子**<br>shì zi<br>쓰 즈  |
| 참외<br>**香瓜**<br>xiāng guā<br>씨앙 꾸아  | 파인애플<br>**菠萝**<br>bō luó<br>뽀어 루오  | |
| 키위<br>**猕猴桃**<br>mí hóu táo<br>미 호우 타오  | 코코넛<br>**椰子肉**<br>yē zi ròu<br>예 즈 로우  | |

| | | |
|---|---|---|
| 사탕수수<br>**甘蔗**<br>gān zhe<br>깐 쩌  | 구아바<br>**番石榴**<br>fān shí liu<br>판 쓰 리우  | 밤<br>**板栗**<br>bǎn lì<br>빤 리  |
| 대추<br>**大枣**<br>dà zǎo<br>따 자오  | 딸기<br>**草莓**<br>cǎo méi<br>차오 메이  | 건포도<br>**葡萄干**<br>pú táo gān<br>푸 타오 깐  |

▶ **과일을 살 때**

A: 무엇을 사시겠습니까?
您要买什么?
nīn yào mǎi shén me
닌 야오 마이 썬 머

B: (렌우) 한 근에 얼마예요?
(莲雾)多少钱一斤?
(lián wù) duō shǎo qián yì jīn
(리엔 우) 뚜오 싸오 치엔 이 찐

A: 50위안입니다.
五十块钱。
wǔ shí kuài qián
우 쓰 쿠아이 치엔

B: 한 근 주세요.
请给我一斤。
qǐng gěi wǒ yì jīn
칭 께이 워 이 찐

## 핵심문장 익히기

- 이 과일은 어떻게 먹나요?

  这个水果怎么吃?

  zhè ge shuǐ guǒ zěn me chī

  쩌 꺼 쑤이 꾸오 쩐 머 츠

- 이 과일 맛이 어때요?

  这个水果味道怎么样?

  zhè ge shuǐ guǒ wèi dào zěn me yàng

  쩌 꺼 쑤이 꾸오 웨이 따오 쩐 머 양

- 싱싱한 것으로 주세요.

  请给我新鲜的。

  qǐng gěi wǒ xīn xiān de

  칭 게이 워 씬 씨엔 더

- 어느 과일이 달달한가요?

  哪种水果比较甜?

  nǎ zhǒng shuǐ guǒ bǐ jiào tián

  나 쫑 쑤이 꾸오 삐 찌아오 티엔

- 어느 과일이 새콤한가요?

  哪种水果是酸酸的?

  nǎ zhǒng shuǐ guǒ shì suān suān de

  나 쫑 쑤이 꾸오 쓰 수안 수안 더

- 어느 과일이 맛있나요?

  哪种水果好吃?

  nǎ zhǒng shuǐ guǒ hǎo chī

  나 쫑 쑤이 꾸오 하오 츠

179

# ❸ 채소 사기

고수나물 ㅣ근에 얼마예요?
香菜 一斤多少钱?
(xiāng cài) yì jīn duō shǎo qián
(씨앙 차이) 이 찐 뚜오 쌰오 치엔

## 채소

| | | |
|---|---|---|
| 고수나물<br>**香菜**<br>xiāng cài<br>씨앙 차이  | 공심채<br>**空心菜**<br>kōng xīn cài<br>콩 씬 차이  | 청경채<br>**油菜**<br>yóu cài<br>요우 차이  |
| 호박<br>**南瓜**<br>nán guā<br>난 꾸아  | 당근<br>**胡萝卜**<br>hú luó bo<br>후 루오 뽀오  | 피망<br>**青椒**<br>qīng jiāo<br>칭 찌아오  |
| 가지<br>**茄子**<br>qié zi<br>치에 즈  | 버섯<br>**蘑菇**<br>mó gu<br>모어 꾸  | 감자<br>**土豆**<br>tǔ dòu<br>투 또우  |
| 고추<br>**辣椒**<br>là jiāo<br>라 찌아오  | 토마토<br>**番茄**<br>fān qié<br>판 치에  | 무<br>**萝卜**<br>luó bo<br>루어 뽀어  |
| 배추<br>**白菜**<br>bái cài<br>빠이 차이  | 마늘<br>**蒜**<br>suàn<br>수안  | 연근<br>**莲藕**<br>lián'ǒu<br>리엔 오우  |
| 상추<br>**生菜**<br>shēng cài<br>썽 차이  | 시금치<br>**菠菜**<br>bō cài<br>뽀어 차이  | 양배추<br>**卷心菜**<br>juǎn xīn cài<br>쥐엔 씬 차이  |

| | | |
|---|---|---|
| 브로콜리<br>**西兰花** <br>xī lán huā<br>씨 란 후아 | 양파<br>**洋葱** <br>yáng cōng<br>양 총 | 단호박<br>**西葫芦** <br>xī hú lu<br>씨 후 루 |
| 고구마<br>**红薯** <br>hóng shǔ<br>훙 쑤 | 오이<br>**黄瓜** <br>huáng guā<br>후앙 꾸아 | 파<br>**葱** <br>cōng<br>총 |
| 콩나물<br>**豆芽** <br>dòu yá<br>또우 야 | 생강<br>**生姜** <br>shēng jiāng<br>썽 찌앙 | |

## 핵심문장 익히기

- 싱싱한 것으로 주세요.
  **请给我新鲜的。**
  qǐng gěi wǒ xīn xiān de
  칭 게이 워 씬 씨엔 더

- 이것을 저울에 달아 주세요.
  **把这个东西过一下秤。**
  bǎ zhè ge dōng xi guò yí xià chèng
  빠 쩌 꺼 똥씨 꾸오 이 씨아 청

- 비닐 봉투를 주세요.
  **请给我塑料袋。**
  qǐng gěi wǒ sù liào dài
  칭 게이 워 수 리아오 따이

181

# Chapter 05 식사

## Unit 01. 음식점 찾기, 예약

### ❶ 음식점 찾기

바꿔 말하기

베이징 음식점을 추천해 주세요.
请推荐一下 北京 的饭店。
qǐng tuī jiàn yí xià (běi jīng) de fàn diàn
칭 투이 찌엔 이 씨아 (뻬이 찡) 더 판 띠엔

음식점

| 중국  | 한국  | 양식  |
|---|---|---|
| 中国<br>zhōng guó<br>쭝 꾸오 | 韩国<br>hán guó<br>한 꾸오 | 西餐<br>xī cān<br>씨 찬 |
| 뷔페  | 프랑스  | 이탈리아  |
| 自助餐<br>zì zhù cān<br>즈 쭈 찬 | 法国<br>fǎ guó<br>파 꾸오 | 意大利<br>yì dà lì<br>이 따 리 |
| 일본  | 인도  | 태국  |
| 日本<br>rì běn<br>르 뻔 | 印度<br>yìn dù<br>인 뚜 | 泰国<br>tài guó<br>타이 꾸오 |
| 베이징요리  | | 상하이요리  |
| 北京料理<br>běi jīng liào lǐ<br>베이 찡 리아오 리 | | 上海料理<br>shàng hǎi liào lǐ<br>쌍 하이 리아오 리 |

사천요리
**四川料理**
sì chuān liào lǐ
스 츄안 리아오 리

광둥요리
**广东料理**
guǎng dōng liào lǐ
꾸앙 똥 리아오 리

초밥
**寿司**
shòu sī
쏘우 스

스테이크
**牛排**
niú pái
니우 파이

바비큐
**烤肉**
kǎo ròu
카오 로우

해산물요리
**海鲜料理**
hǎi xiān liào lǐ
하이 씨엔 리아오 리

가까운
**近的**
jìn de
찐 더

조용한
**安静的**
ān jìng de
안 찡 더

토속적인
**民俗的**
mín sú de
민 수 더

저렴한
**低廉的**
dī lián de
띠 리엔 더

전문
**专门的**
zhuān mén de
쮸안 먼 더

길거리
**路边**
lù biān
루 삐엔

맛있는
**好吃的**
hǎo chī de
하오 츠 더

이 지방의 전통요리
**这个地方的传统料理**
zhè ge dì fang de chuán tǒng liào lǐ
쩌 거 띠 팡 더 추안 통 리아오 리

피자헛 이 어디 있나요?

必胜客 在哪里?

(bì shèng kè) zài nǎ lǐ

(삐 썽 커) 짜이 나 리

## 패스트푸드 / 분식 / 기타

| 제과점  | 패스트푸드점  | KFC  |
|---|---|---|
| 面包店 | 快餐店 | 肯德基 |
| miàn bāo diàn | kuài cān diàn | kěn dé jī |
| 미엔 빠오 띠엔 | 쿠아이 찬 띠엔 | 컨 떠 찌 |

| 맥도널드  | 피자헛  | 찻집  |
|---|---|---|
| 麦当劳 | 必胜客 | 茶馆 |
| mài dāng láo | bì shèng kè | chá guǎn |
| 마이 땅 라오 | 삐 썽 커 | 챠 꾸안 |

| 롯데리아  | 파파이스  |
|---|---|
| 乐天利 | 派派思 |
| lè tiān lì | pài pài sī |
| 러 티엔 리 | 파이 파이 스 |

| 국수집  | 일본라면집  |
|---|---|
| 面馆 | 日本拉面馆 |
| miàn guǎn | rì běn lā miàn guǎn |
| 미엔 꾸안 | 르 뻔 라 미엔 꾸안 |

| 재즈바  | 커피숍  |
|---|---|
| 爵士酒吧 | 咖啡店 |
| jué shì jiǔ bā | kā fēi diàn |
| 쥐에 쓰 찌우 빠 | 카 페이 띠엔 |

# ❷ 음식점 예약하기

방 을 예약해 주세요.
我要预约 房间 。
wǒ yào yù yuē (fáng jiān)
워 야오 위 위에 (팡 찌엔)

| 창가자리<br>靠窗的位置<br>kào chuāng de wèi zhi<br>카오 추앙 더 웨이 쯔 |  | 금연석<br>禁烟区<br>jìn yān qū<br>찐 이엔 취 |  |
|---|---|---|---|
| 흡연석<br>吸烟区<br>xī yān qū<br>씨 이엔 취 |  | 조용한 자리<br>安静的位置<br>ān jìng de wèi zhi<br>안 찡 더 웨이 쯔 |  |

## ▶ 음식점을 예약할 때

A: 예약이 필요한가요?
需要预约吗?
xū yào yù yuē ma
쉬 야오 위 위에 마

B: 네, 필요합니다.
是的, 需要预约。
shì de, xū yào yù yuē
쓰 더, 쉬 야오 위 위에

아니요, 그냥 오세요.
不需要, 直接过来就行。
bù xū yào, zhí jiē guò lái jiù xíng
뿌 쉬 야오, 쯔 찌에 꾸오 라이 지우 씽

A: (저녁 6시, 5명) 예약해 주세요.
我想预约(晚上六点, 五个人)。
wǒ xiǎng yù yuē (wǎn shang liù diǎn, wǔ gè rén)
워 씨앙 위 위에 (완 쌍 리우 띠엔, 우 꺼 런)

죄송합니다, 예약을 취소할게요.
对不起, 请帮我取消预约。
duì bu qǐ, qǐng bāng wǒ qǔ xiāo yù yuē
뚜이 뿌 치, 칭 빵 워 취 씨아오 위 위에

## 핵심문장 익히기

· [지도나 책을 가리키며] 이 식당은 어디 있나요?
[指着书或者地图] 这个饭店在哪里?
[zhǐ zhe shū huò zhě dì tú] zhè ge fàn diàn zài nǎ lǐ
[쯔 쩌 수 후오 쩌 띠 투] 쩌 거 판 띠엔 짜이 나 리

· 몇 시에 문을 여나요(닫나요)?
几点开门(关门)?
jǐ diǎn kāi mén (guān mén)
찌 띠엔 카이 먼 (꾸안 먼)

· 식당가가 어디에 있나요?
饭店在哪里?
fàn diàn zài nǎ lǐ
판 띠엔 짜이 나 리

# Unit 02. 음식점에서

## ❶ 음식 주문하기 – 중국의 대표 요리

북경오리 주세요.
请给我 北京烤鸭 。
qǐng gěi wǒ (běi jīng kǎo yā)
칭 게이 워 (뻬이 찡 카오 야)

---

### 북경요리

북경오리
**北京烤鸭**
běi jīng kǎo yā
베이 찡 카오 야

양고기 샤브샤브
**涮羊肉**
shuàn yáng ròu
쑤안 양 로우

### 광둥요리

새끼돼지구이
**烤乳猪**
kǎo rǔ zhū
카오 루 쭈

딤섬
**点心**
diǎn xin
띠엔 씬

### 상해요리

게 요리
**大闸蟹**
dà zhá xiè
따 짜 씨에

샤오룽 바오쯔(난샹)
**小笼包子(南翔)**
xiǎo lóng bāo zi (nán xiáng)
씨아오 롱 빠오 즈 (난 씨양)
* 찜통에 찐 소가 든 만두

### 사천요리

마파두부
**麻婆豆腐**
má pó dòu fu
마 포어 또우 푸

산니백육
**蒜泥白肉**
suàn ní bái ròu
수안 니 빠이 로우
* 다진 마늘을 넣고 삶은 돼지수육

위씨앙로우스
**鱼香肉丝**
yú xiāng ròu sī
위 씨앙 로우 스
*죽순, 목이버섯, 돼지고기로 만든 요리

꽁빠오찌딩
**宫爆鸡丁**
gōng bào jī dīng
꽁 빠오 찌 띵
*닭고기, 말린 고추, 땅콩을 함께 볶은 요리

샤브샤브
**火锅**
huǒ guō
후오 꾸오

## 강소요리

찐링이엔쑤이야
**金陵盐水鸭**
jīn líng yán shuǐ yā
찐 링 이엔 쑤이 야
*통째로 소금에 절인 오리고기

칭뚠씨에펀쓰즈토우
**清炖蟹粉狮子头**
qīng dùn xiè fěn shī zi tóu
칭 뚠 씨에 펀 쓰 즈 토우
*게살 완자요리

| **복건요리** | **강서지방 요리** | **산둥요리** |
|---|---|---|

상어 지느러미 스프
(불도장)
**佛跳墙**
fó tiào qiáng
포어 티아오 치앙

삼배계
**三杯鸡**
sān bēi jī
산 뻬이 찌
*주재료는 닭고기, 쌀로 만든 술 한 컵, 돼지기름 한 컵, 간장 한 컵, 총 세 컵을 넣어서 만든 요리

탕수육
**糖醋里脊**
táng cù lǐ ji
탕 추 리 찌

| **후난요리** | **강절요리** | **총칭요리** |
|---|---|---|

홍샤오로우
**红烧肉**
hóng shāo ròu
홍 샤오 로우
*돼지고기를 살짝 볶은 후 간장을 넣어 다시 익힌 요리

시후추위
**西湖醋鱼**
xī hú cù yú
시 후 추 위
*설탕에 식초를 넣어 조리한 생선 요리

샤오지공
**烧鸡公**
shāo jī gōng
샤오 찌 꽁
*중국식 닭 전골 요리

## 절강요리

동파육
**东坡肉**
dōng pō ròu
똥 포어 로우
\* 통삽겹살에 진간장 등 향신료 넣고
조리한 요리

거지닭
**叫花鸡**
jiào huā jī
찌아오 후아 찌
\* 닭에 버섯, 새우, 다진 고기 등으로 속을
채운 다음, 닭 표면에 흙을 덮어 화덕에
구운 요리

| 신장요리 | 칭다오요리 |
|---|---|

양고기 군만두
**羊肉锅贴**
yáng ròu guō tiē
양 로우 꾸오 티에

홍합 요리
**干贝料理**
gān bèi liào lǐ
깐 뻬이 리아오 리

## 음식 이름

밥
**米饭**
mǐ fàn
미 판

죽
**粥**
zhōu
쪼우

계란 볶음밥
**蛋炒饭**
dàn chǎo fàn
딴 챠오 판

덮밥
**盖饭**
gài fàn
까이 판

국수
**面条**
miàn tiáo
미엔 티아오

볶음국수
**炒面**
chǎo miàn
챠오 미엔

국물국수
**汤面**
tāng miàn
탕 미엔

비빔국수
**拌面**
bàn miàn
빤 미엔

만두
**饺子**
jiǎo zi
찌아오 즈

군만두
**煎饺**
jiān jiǎo
찌엔 찌아오

호빵
**豆沙包**
dòu shā bāo
또우 싸 빠오

물만두
**水饺**
shuǐ jiǎo
쑤이 찌아오

| 찐만두<br>**蒸饺**<br>zhēng jiǎo<br>쩡 찌아오  | 만터우(화쥐엔)<br>**馒头(花卷)**<br>mán tou(huā juǎn)<br>만 토우(후아 쥐엔)<br>\*속 없는 찐빵  | 훈툰<br>**馄饨**<br>hún tun<br>훈 툰 <br>\*밀가루 피에 고기 소를 넣<br>고 싸서, 찌거나 끓여서 먹<br>는 음식 |
| 밀가루 전병<br>**煎饼**<br>jiān bǐng<br>찌엔 삥  | 양고기 꼬치<br>**羊肉串**<br>yáng ròu chuàn<br>양 로우 추안  | 군밤<br>**糖炒栗子**<br>táng chǎo lì zi<br>탕 챠오 리 즈 |
| 춘취엘<br>**春卷**<br>chūn juǎn<br>춘 취엔<br>\*앙꼬 없는 찐빵  | 옥수수 수프<br>**玉米甜汤**<br>yù mǐ tián tāng<br>위 미 티엔 탕  | 자장면<br>**炸酱面**<br>zhá jiàng miàn<br>짜 찌앙 미엔 |
| 닭 육수 쌀국수<br>**鸡汤面**<br>jī tāng miàn<br>찌 탕 미엔  | 돼지뼈 육수 쌀국수<br>**桂林米粉**<br>guì lín mǐ fěn<br>꾸이 린 미 펀  | 불고기<br>**烤肉**<br>kǎo ròu<br>카오 로우  |
| 장조림<br>**五香酱肉**<br>wǔ xiāng jiàng ròu<br>우 씨앙 찌앙 로우  | 건두부 쌈<br>**京酱肉丝**<br>jīng jiàng ròu sī<br>찡 찌앙 로우 스 | 마라탕<br>**麻辣烫**<br>má là tàng<br>마 라 탕 <br>\*매운 신선로 요리 |
| 닭고기 볶음<br>**宫爆鸡丁**<br>gōng bào jī dīng<br>꽁 빠오 찌 딩  | 감자볶음<br>**炒土豆丝**<br>chǎo tǔ dòu sī<br>챠오 투 또우 스  | 소고기 당면 볶음<br>**蚂蚁上树**<br>má yǐ shàng shù<br>마 이 쌍 쑤  |
| 삼선 누룽지<br>**三鲜锅巴**<br>sān xiān guō bā<br>산 씨엔 꾸오 빠  | 고구마 맛탕<br>**拔丝地瓜**<br>bá sī dì guā<br>빠 스 띠 꾸아  | 닭고기 탕<br>**鸡汤**<br>jī tāng<br>찌 탕 |

| | | |
|---|---|---|
| 대나무잎 밥<br>**粽子**<br>zòng zi<br>종 즈 | 중국 호떡<br>**肉饼, 糖饼**<br>ròu bǐng, táng bǐng<br>로우 삥, 탕 삥 | 누룽지탕<br>**虾仁锅巴**<br>xiā rén guō bā<br>씨아 런 꾸오 빠 |
| 과일꼬치<br>**糖葫芦**<br>táng hú lu<br>탕 후 루 | 두유<br>**豆浆**<br>dòu jiāng<br>또우 찌앙 | 기름에 튀긴 꽈배기<br>**油条**<br>yóu tiáo<br>요우 티아오 |
| 잉어찜<br>**清炖鲤鱼**<br>qīng dùn lǐ yú<br>칭 뚠 리 위 | 당면<br>**粉丝**<br>fěn sī<br>펀 스 | 옥수수 구이<br>**烤玉米**<br>kǎo yù mǐ<br>카오 위 미 |
| 간장에 조린 계란<br>**酱油蛋**<br>jiàng yóu dàn<br>찌앙 요우 딴 | 라면<br>**拉面**<br>lā miàn<br>라 미엔 | 냉면<br>**冷面**<br>lěng miàn<br>렁 미엔 |

이 요리의 재료는 　닭　 입니다.
这道菜是用　鸡　做的。
zhè dào cài shì yòng (jī) zuò de
쩌 따오 차이 쓰 용 (찌) 쭈오 더

## 요리 재료

| | | |
|---|---|---|
| 육류<br>肉类<br>ròu lèi<br>로우 레이  | 조류<br>禽类<br>qín lèi<br>친 레이  | 파충류<br>爬虫类<br>pá chóng lèi<br>파 총 레이  |
| 해조류<br>海藻类<br>hái zǎo lèi<br>하이 자오 레이 | 생선<br>海鲜<br>hǎi xiān<br>하이 씨엔  | 소<br>牛肉<br>niú ròu<br>니우 로우  |
| 닭<br>鸡<br>jī<br>찌  | 새우<br>虾<br>xiā<br>씨아  | 조기<br>黄鱼<br>huáng yú<br>후앙 위  |
| 돼지<br>猪肉<br>zhū ròu<br>쭈 로우  | 오리<br>鸭<br>yā<br>야  | 오징어<br>墨鱼<br>mò yú<br>모어 위  |
| 갈치<br>带鱼<br>dài yú<br>따이 위  | 양<br>羊肉<br>yáng ròu<br>양 로우  | 거위<br>鹅<br>é<br>으어  |
| 게<br>蟹<br>xiè<br>씨에  | 잉어<br>鲤鱼<br>lǐ yú<br>리 위  | 염소<br>山羊<br>shān yáng<br>쌴 양  |

| 비둘기<br>鸽子<br>gē zi<br>꺼 즈 | 문어<br>章鱼<br>zhāng yú<br>짱 위 | 붕어<br>鲫鱼<br>jì yú<br>찌 위 |
|---|---|---|
| 당나귀<br>驴<br>lǘ<br>뤼 | 달걀<br>鸡蛋<br>jī dàn<br>찌 단 | 가재<br>龙虾<br>lóng xiā<br>롱 씨아 |
| 장어<br>鳗鱼<br>mán yú<br>만 위 | 개<br>狗肉<br>gǒu ròu<br>꼬우 로우 | 뱀<br>蛇<br>shé<br>써 |
| 조개<br>贝壳<br>bèi ké<br>뻬이 커 | 갈비<br>排骨<br>pái gǔ<br>파이 꾸 | 개구리<br>田鸡<br>tián jī<br>티엔 찌 |
| 굴<br>牡蛎<br>mǔ lì<br>무 리 | 미나리<br>芹菜<br>qín cài<br>친 차이 | 옥수수<br>玉米<br>yù mǐ<br>위 미 |
| 힘줄<br>板筋<br>bǎn jīn<br>반 찐 | 자라<br>甲鱼<br>jiǎ yú<br>찌아 위 | 두부<br>豆腐<br>dòu fu<br>또우 푸 |
| 가지<br>茄子<br>qié zi<br>치에 즈 | 콩나물<br>豆芽<br>dòu yá<br>또우 야 | 창자<br>大肠<br>dà cháng<br>따 챵 |
| 송이버섯<br>松口菇<br>sōng kǒu gū<br>송 코우 꾸 | 오이<br>黄瓜<br>huáng guā<br>후앙 꾸아 | 토마토<br>番茄<br>fān qié<br>판 치에 |

**❷ 종업원에게 뭔가를 요구할 때**

포크 주세요.
请给我 叉子 。
qǐng gěi wǒ (chā zi)
칭 게이 워 (챠 즈)

수저 를 바꿔 주세요.
请给我换一下 餐具 。
qǐng gěi wǒ huàn yí xià (cān jù)
칭 게이 워 후안 이 씨아 (찬 쥐)

**식기, 양념, 후식**

| 그릇<br>碗<br>wǎn<br>완  | 컵<br>杯子<br>bēi zi<br>뻬이 즈  | 포크<br>叉子<br>chā zi<br>챠 즈  |
|---|---|---|
| 수저<br>餐具<br>cān jù<br>찬 쥐  | 접시<br>盘子<br>pán zi<br>판 즈  | 젓가락<br>筷子<br>kuài zi<br>쿠아이 즈  |
| 나이프<br>餐刀<br>cān dāo<br>찬 따오  | 냅킨<br>餐巾纸<br>cān jīn zhǐ<br>찬 찐 쯔  | 국자<br>汤勺<br>tāng sháo<br>탕 쌰오  |
| 차<br>茶<br>chá<br>챠  | 물<br>水<br>shuǐ<br>쑤이  | 시원한 물<br>冰水<br>bīng shuǐ<br>삥 쑤이  |

| 생수<br>矿泉水<br>kuàng quán shuǐ<br>쿠앙 취엔 쑤이 | 소금<br>盐<br>yán<br>이엔 | 후춧가루<br>胡椒<br>hú jiāo<br>후 찌아오 |
|---|---|---|
| 간장<br>酱油<br>jiàng yóu<br>찌앙 요우 | 설탕<br>糖<br>táng<br>탕 | 아이스크림<br>冰淇淋<br>bīng qí lín<br>삥 치 린 |
| 커피<br>咖啡<br>kā fēi<br>카 페이 | 과일<br>水果<br>shuǐ guǒ<br>쑤이 꾸오 | 디저트<br>甜品<br>tián pǐn<br>티엔 핀 |
| 짜차이<br>榨菜<br>zhà cài<br>짜 차이 | 고춧가루<br>辣椒面<br>là jiāo miàn<br>라 찌아오 미엔 | 와인<br>红酒<br>hóng jiǔ<br>홍 찌우 |

▶ **음식점에서**

A: 어서 오세요.
欢迎光临。
huān yíng guāng lín
후안 잉 꾸앙 린

B: 7시에 예약한 (밍밍)이에요.
我是预约了七点钟的 (明明)。
wǒ shì yù yuē le qī diǎn zhōng de (míng míng)
워 쓰 위 위에 러 치 띠엔 쫑 더 (밍 밍)

예약을 안 했는데 자리 있나요?
没预约有位置吗?
méi yù yuē yǒu wèi zhi ma
메이 위 위에 요우 웨이 쯔 마

A: 몇 분이세요?
请问几位？
qǐng wèn jǐ wèi
칭 원 찌 웨이

B: (5)명이예요.
(五)个人。
(wǔ) gè rén
(우) 꺼 런

A: 이쪽으로 오세요.
请走这边。
qǐng zǒu zhè biān
칭 쪼우 쩌 삐엔

여기에 앉으세요.
请坐这里。
qǐng zuò zhè lǐ
칭 쭈오 쩌 리

▶ **식사를 주문할 때**

A: 종업원!
服务员!
fú wù yuán
푸 우 위엔

B: 주문하시겠어요?
要点菜吗？
yào diǎn cài ma
야오 띠엔 차이 마

A: 식사 전에 차(술)를 주문할게요.
饭前先点个茶(酒)水。
fàn qián xiān diǎn gè chá (jiǔ) shuǐ
판 치엔 씨엔 띠엔 꺼 챠 (찌우) 쑤이

196

주문할게요.
点菜。
diǎn cài
띠엔 차이

조금 있다 주문할게요.
等一下点菜。
děng yí xià diǎn cài
떵 이 씨아 띠엔 차이

B: 무엇을 주문하시겠어요?
请问您要点什么?
qǐng wèn nín yào diǎn shén me
칭 원 닌 야오 띠엔 션 머

A: (베이징 오리) 주세요.
请给我(北京烤鸭)。
qǐng gěi wǒ (běi jīng kǎo yā)
칭 게이 워 (베이 찡 카오 야)

이것으로 주세요.
请给我这个。
qǐng gěi wǒ zhè ge
칭 게이 워 쩌 거

같은 것으로 주세요.
请给我一份一样的。
qǐng gěi wǒ yí fèn yí yàng de
칭 게이 워 이 펀 이 양 더

[다른 사람의 음식을 가리키며] 저것과 같은 것으로 주세요.
请给我和那个一样的。
qǐng gěi wǒ hé nà ge yí yàng de
칭 게이 워 허 나 거 이 양 더

상차이를 넣지 마세요.
请不要放香菜。
qǐng bú yào fàng xiāng cài
칭 뿌 야오 팡 씨앙 차이

맵지 않게 해 주세요.
请给我弄不辣的。
qǐng gěi wǒ nòng bú là de
칭 게이 워 눙 뿌 라 더

제가 시킨 요리는 얼마나 기다려야 하나요?
我点的菜大概要等多久?
wǒ diǎn de cài dà gài yào děng duō jiǔ
워 띠엔 더 차이 따 까이 야오 떵 뚜오 찌우

주문을 바꿔도 되나요?
可以换菜吗?
kě yǐ huàn cài ma
커 이 후안 차이 마

주문을 취소하고 싶어요.
请把我点的菜取消。
qǐng bǎ wǒ diǎn de cài qǔ xiāo
칭 빠 워 띠엔 더 차이 취 씨아오

자리를 바꿔 주세요.
请给我换个位子。
qǐng gěi wǒ huàn gè wèi zi
칭 게이 워 후안 꺼 웨이 즈

## 핵심문장 익히기

메뉴 선택

· 오늘의 추천 요리는 무엇인가요?
  今天的推荐菜是什么?
  jīn tiān de tuī jiàn cài shì shén me
  찐 티엔 더 투이 찌엔 차이 쓰 썬 머

- 이 지방의 유명 요리는 무엇인가요?

  这个地方的名菜是什么?

  zhè ge dì fang de míng cài shì shén me

  쩌 꺼 띠 팡 더 밍 차이 쓰 썬 머

- 담백한 요리는 무엇인가요?

  有什么清淡一点的菜?

  yǒu shén me qīng dàn yì diǎn de cài

  요우 썬 머 칭 딴 이 띠엔 더 차이

- 메뉴판을 주세요.

  请把菜单给我。

  qǐng bǎ cài dān gěi wǒ

  칭 빠 차이 딴 게이 워

- 사진 있는 메뉴판은 없나요?

  没有带图片的菜单吗?

  méi yǒu dài tú piàn de cài dān ma

  메이 요우 따이 투 피엔 더 차이 딴 마

- 이것은 무료인가요, 유료인가요?

  这个是免费的还是要钱的?

  zhè ge shì miǎn fèi de hái shì yào qián de

  쩌 거 쓰 미엔 페이 더 하이 쓰 야오 치엔 더

식사 시 질문

- 이 요리는 어떻게 먹나요?

  这道菜怎么吃?

  zhè dào cài zěn me chī

  쩌 따오 차이 전 머 츠

- 디저트 있나요?

  有甜品吗?

  yǒu tián pǐn ma

  요우 티엔 핀 마

식사 시 요구

- 이것 좀 더 주세요.

  再给我来点这个。

  zài gěi wǒ lái diǎn zhè ge

  짜이 게이 워 라이 띠엔 쩌 거

- 이것을 치워 주세요.

  把这个收了吧。

  bǎ zhè ge shōu le ba

  빠 쩌 거 쏘우 러 빠

- 주문한 요리가 안 나왔어요.

  我点的菜还没上。

  wǒ diǎn de cài hái méi shàng

  워 띠엔 더 차이 하이 메이 쌍

- 주문한 요리가 아니에요.

  这不是我点的菜。

  zhè bú shì wǒ diǎn de cài

  쩌 뿌 쓰 워 띠엔 더 차이

- 요리가 덜 익었어요.

  这个菜没熟透。

  zhè ge cài méi shú tòu

  쩌 꺼 차이 메이 쑤 토우

- 요리가 너무 구워졌어요.

  这道菜有点烤过了。

  zhè dào cài yǒu diǎn kǎo guò le

  쪄 따오 차이 요우 띠엔 카오 꾸오 러

- 이것을 데워 주세요.

  这个帮我热一下。

  zhè ge bāng wǒ rè yí xià

  쪄 꺼 빵 워 르어 이 씨아

- 여기에 이물질이 들어 있어요.

  这里面有脏东西。

  zhè lǐ miàn yǒu zāng dōng xi

  쪄 리 미엔 요우 짱 똥 씨

- 남은 음식을 싸 주세요.

  请把剩下的打包。

  qǐng bǎ shèng xià de dǎ bāo

  칭 빠 셩 씨아 더 따 빠오

계산

- 계산해 주세요.

  买单。

  mǎi dān

  마이 딴

- 얼마예요?

  多少钱?

  duō shǎo qián

  뚜오 쌰오 치엔

- 제가 낼게요.

  我来付。

  wǒ lái fù

  워 라이 푸

- 따로따로 계산할게요.

  各付各的。

  gè fù gè de

  꺼 푸 꺼 더

- 계산이 잘못됐어요.

  结算错了。

  jié suàn cuò le

  찌에 수안 추오 러

- 이것은 팁이에요.

  这是小费。

  zhè shì xiǎo fèi

  쩌 쓰 씨아오 페이

### 핵심 단어

| 데치다<br>焯<br>chāo<br>차오 | 굽다 / 직접<br>불에 굽다<br>烤 / 火烤<br>kǎo / huǒ<br>kǎo<br>카오 / 후오<br>카오 | 튀기다<br>油炸<br>yóu zhà<br>요우 쨔 | 탕, 찌개<br>汤<br>tāng<br>탕 | 찌다<br>蒸<br>zhēng<br>쪙 | 무치다<br>拌<br>bàn<br>빤 |
|---|---|---|---|---|---|
| 볶다<br>炒<br>chǎo<br>챠오 | 부치다<br>煎<br>jiān<br>찌엔 | 훈제<br>熏<br>xūn<br>쉰 | 끓이다<br>炖<br>dùn<br>뚠 | 삶다<br>烹<br>pēng<br>펑 | |

# Unit 03. 술집에서

바꿔말하기

> **백주** **주세요.**
> 请给我 **白酒** 。
> qǐng gěi wǒ (bái jiǔ)
> 칭 게이 워 (빠이 찌우)

## 주류

백주
**白酒**
bái jiǔ
바이 찌우

고량주
**高粱酒**
gāo liáng jiǔ
까오 리앙 찌우
*중국의 대표적인 증류수로 도수가 60도

십전대보주
**十全大补酒**
shí quán dà bǔ jiǔ
쓰 취엔 따 뿌 찌우
*황기, 당기, 지황 등 열 가지 약재를 넣은 강장술로 쌀과 누룩으로 만듦

홍성이과두주
**红星二锅头**
hóng xīng èr guō tóu
홍 씽 얼 꾸오 토우
*수수를 두 번째 증류해서 나온 술로 맛이 가장 좋다.

라오베이징
**老北京**
lǎo běi jīng
라오 뻬이 찡

소주
**烧酒**
shāo jiǔ
싸오 찌우

양하대곡주
**洋河大曲酒**
yáng hé dà qū jiǔ
양 허 따 취 찌우
*양하지역에서 밀, 완두 등으로 빚은 술

칭따오 맥주
**青岛啤酒**
qīng dǎo pí jiǔ
칭 따오 피 찌우

양주
**洋酒**
yáng jiǔ
양 찌우

징주
**京酒**
jīng jiǔ
찡 찌우
*맑은 술

위스키
**威士忌**
wēi shì jì
웨이 쓰 찌

보드카
**伏特加**
fú tè jiā
푸 터 찌아

마이타이
**茅台酒**
máo tái jiǔ
마오 타이 찌우

\* 중국의 국주로 불리며 깊고 부드럽고 자극이 없다.

레드 와인
**红葡萄酒**
hóng pú táo jiǔ
홍 푸 타오 찌우

화이트 와인
**白葡萄酒**
bái pú táo jiǔ
바이 푸 타오 찌우

오량액
**五粮液**
wǔ liáng yè
우 리앙 예
\* 수수, 쌀, 찹쌀, 옥수수, 밀 등의 다섯가지 곡물로 빚은 술

싼비엔주
**三鞭酒**
sān biān jiǔ
싼 삐엔 찌우

\* 세 마리 짐승의 생식기와 구기자, 인삼, 숙지, 생지 등을 원료로 만든 건강 술

수정방
**水井坊**
shuǐ jǐng fáng
쒀이 찡 팡

\* 중국의 삼대 명주 중 하나로 과일향과 대나무향이 나는 백주

죽엽청주
**竹叶青酒**
zhú yè qīng jiǔ
쭈 예 칭 찌우

\* 술 색깔은 윤기있는 황금색에 녹색을 섞은 듯하여 혈액순환, 보혈 등의 효능이 있다.

주귀주
**酒鬼酒**
jiǔ guǐ jiǔ
찌우 꾸이 찌우

\* 몸을 보양하는 중국 전통 최고의 명주

## 핵심문장 익히기

- 건배!
  **干杯！**
  gān bēi
  깐 뻬이

- 한 잔 더 주세요.
  **再来一杯。**
  zài lái yì bēi
  짜이 라이 이 뻬이

- 한 병 더 주세요.
  再来一瓶。
  zài lái yì píng
  짜이 라이 이 핑

- 이 술은 몇 도인가요?
  这酒多少度啊?
  zhè jiǔ duō shǎo dù a
  쩌 찌우 뚜오 샤오 뚜 아

- 안주를 주세요.
  请给我下酒菜。
  qǐng gěi wǒ xià jiǔ cài
  칭 께이 워 씨아 찌우 차이

# Unit 04. 패스트푸드점에서

햄버거 주세요.
请 给 我 汉堡 。
qǐng gěi wǒ (hàn bǎo)
칭 게이 워 (한 빠오)

## 메뉴

| | | |
|---|---|---|
| 햄버거<br>**汉堡**<br>hàn bǎo<br>한 빠오  | 포테이토<br>**薯条**<br>shǔ tiáo<br>쑤 티아오  | 피자<br>**比萨**<br>bǐ sà<br>삐 사  |
| 후라이드 치킨<br>**炸鸡块**<br>zhá jī kuài<br>쨔 찌 쿠아이  | 에그타르트<br>**蛋挞**<br>dàn tà<br>딴 타  | 핫도그<br>**热狗**<br>rè gǒu<br>르어 꼬우  |
| 아이스크림<br>**冰淇淋**<br>bīng qí lín<br>삥 치 린  | 도너츠<br>**甜甜圈**<br>tián tián quān<br>티엔 티엔 취엔  | 샌드위치<br>**三明治**<br>sān míng zhì<br>산 밍 쯔  |
| 커피<br>**咖啡**<br>kā fēi<br>카 페이  | 주스<br>**果汁**<br>guǒ zhī<br>꾸오 쯔  | 콜라<br>**可乐**<br>kě lè<br>커 러 |

| | | |
|---|---|---|
| 스프라이트<br>**雪碧**<br>xuě bì<br>쉬에 삐  | 우유<br>**牛奶**<br>niú nǎi<br>니우 나이  | 우롱차<br>**乌龙茶**<br>wū lóng chá<br>우 롱 차  |
| 세트 메뉴<br>**套餐**<br>tào cān<br>타오 찬  | 덮밥<br>**盖饭**<br>gài fàn<br>까이 판  | 홍차<br>**红茶**<br>hóng chá<br>홍 챠  |
| 닭다리<br>**鸡腿**<br>jī tuǐ<br>찌 투이  | 샐러드<br>**沙拉**<br>shā lā<br>싸 라  | 스프<br>**汤**<br>tāng<br>탕  |
| 빵<br>**面包**<br>miàn bāo<br>미엔 빠오  | 밥 세트<br>**盒饭**<br>hé fàn<br>허 판  | 케이크<br>**蛋糕**<br>dàn gāo<br>딴 까오  |
| 마요네즈<br>**蛋黄酱**<br>dàn huáng jiàng<br>딴 후앙 찌앙  | 케첩<br>**番茄酱**<br>fān qié jiàng<br>판 치에 찌앙  | 토스트<br>**烤面包**<br>kǎo miàn bāo<br>카오 미엔 빠오  |

## ▶ take out 유무

**A:** 여기에서 드시겠어요, 가지고 갈 거예요?
要在这吃还是带走?
yào zài zhè chī hái shì dài zǒu
야오 짜이 쩌 츠 하이 쓰 따이 조우

**B:** 여기에서 먹을게요.
在这吃。
zài zhè chī
짜이 쩌 츠

가지고 갈게요.
带走。
dài zǒu
따이 조우

## Unit 01. 호텔 내 관광 안내소, 프런트에서

바꾸어말하기

관광 코스 를 추천해 [예약해 / 구매해] 주세요.
请推荐[预约 / 购买]一下 观光路线 。
qǐng tuī jiàn [yù yuē / gòu mǎi] yí xià (guān guāng lù xiàn)
칭 투이 찌엔 [위 위에 / 꼬우 마이] 이 씨아 (꾸안 꾸앙 뤼 씨엔)

관광 안내

| 관광할 만한 곳 | 숙소 | 관광 코스 |
|---|---|---|
| 值得观光的景点 | 住处 | 观光路线 |
| zhí dé guān guāng de jǐng diǎn | zhù chù | guān guāng lù xiàn |
| 쯔 더 꾸안 꾸앙 더 찡 띠엔 | 쭈 츄 | 꾸안 꾸앙 뤼 씨엔 |

| 열차표 | 비행기표 | 버스표 |
|---|---|---|
| 火车票 | 飞机票 | 巴士票 |
| huǒ chē piào | fēi jī piào | bā shì piào |
| 후어 처 피아오 | 페이 찌 피아오 | 빠 쓰 피아오 |

핵심문장 익히기

- 수수료가 얼마예요?
  手续费是多少?
  shǒu xù fèi shì duō shǎo
  쏘우 쉬 페이 쓰 뚜오 샤오

- 택시를 불러 주세요.

  请给我叫出租车。

  qǐng gěi wǒ jiào chū zū chē

  칭 게이 워 찌아오 츄 쭈 처

- 엽서(편지 / 소포)를 받아 주세요.

  请接收明信片(信 / 包裹)。

  qǐng jiē shōu míng xìn piàn (xìn / bāo guǒ)

  칭 찌에 쏘우 밍 씬 피엔 (씬 / 빠오 꾸오)

- 엽서(편지 / 소포)를 한국으로 보내 주세요.

  请把明信片(信 / 包裹)寄到韩国。

  qǐng bǎ míng xìn piàn (xìn / bāo guǒ) jì dào hán guó

  칭 빠 밍 씬 피엔 (씬 / 빠오 꾸오) 찌 따오 한 꾸오

- 소포를 받아 주세요.

  请接收包裹 。

  qǐng jiē shōu bāo guǒ

  칭 찌에 쏘우 빠오 구오

- 전화를 기다려요.

  等电话。

  děng diàn huà

  떵 띠엔 후아

- 전화를 받아 주세요.

  请接一下电话。

  qǐng jiē yí xià diàn huà

  칭 찌에 이 씨아 띠엔 후아

- 제 이름은 (밍밍)입니다.
  我的名字是(明明)。
  wǒ de míng zi shì (míng míng)
  워 더 밍 즈 쓰 (밍 밍)

- 제 방 번호는 235호입니다.
  我的房间号是235号。
  wǒ de fáng jiān hào shì èr sān wǔ hào
  워 더 팡 찌엔 하오 쓰 얼 싼 우 하오

# Unit 02. 숙소 찾기, 체크인

교통이 편리한 호텔을 소개해 주세요.
请介绍 交通方便的 宾馆。
qǐng jiè shào (jiāo tōng fāng biàn de) bīn guǎn
칭 찌에 샤오 (찌아오 통 팡 삐엔 더) 삔 꾸안

유스호스텔 을 찾고 있습니다.
正在找 国际青年旅舍 。
zhèng zài zhǎo (guó jì qīng nián lǚ shè)
쩡 짜이 짜오 (꾸오 찌 칭 니엔 뤼 써)

### 숙박 관련

| 교통이 편리한 | 시설이 좋은 | 전망이 좋은 |
|---|---|---|
| 交通方便的 | 设施好的 | 视野好的 |
| jiāo tōng fāng biàn de | shè shī hǎo de | shì yě hǎo de |
| 찌아오 통 팡 삐엔 더 | 써 쓰 하오 더 | 쓰 예 하오 더 |
| 저렴한 | 조용한 | 시내에 있는 |
| 便宜的 | 安静的 | 在市内的 |
| pián yi de | ān jìng de | zài shì nèi de |
| 피엔 이 더 | 안 찡 더 | 짜이 쓰 네이 더 |

| | |
|---|---|
| 호텔(주점 / 반점)<br>**宾馆(酒店 / 饭店)**<br>bīn guǎn (jiǔ diàn / fàn diàn)<br>삔 꾸안 (찌우 띠엔 / 판 띠엔)  | 캠핑 부지<br>**野营**<br>yě yíng<br>예 잉  |
| 모텔<br>**汽车旅馆**<br>qì chē lǚ guǎn<br>치 처 뤼 꾸안  | 게스트 하우스<br>**小型家庭旅馆**<br>xiǎo xíng jiā tíng lǚ guǎn<br>씨아오 씽 찌아 팅 뤼 꾸안  |
| 유스호스텔: YHA<br>**国际青年旅馆**<br>guó jì qīng nián lǚ guǎn<br>꾸오 찌 칭 니엔 뤼 꾸안  | 조선족 민박<br>**朝鲜族民宿**<br>cháo xiǎn zú mín sù<br>챠오 씨엔 주 민 수  |

| | | |
|---|---|---|
| 경제<br>**经济**<br>jīng jì<br>찡 찌  | 여관, 여사<br>**旅馆, 旅社**<br>lǚ guǎn, lǚ shè<br>뤼 꾸안, 뤼 써  | 대학 기숙사<br>**大学宿舍**<br>dà xué sù shè<br>따 쉬에 수 써  |

바꿔 말하기

싱글룸 을 원합니다.
**想要 单人间 。**
xiǎng yào (dān rén jiān)
씨앙 야오 (딴 런 찌엔)

## 호텔 룸의 종류

| | |
|---|---|
| 싱글룸<br>**单人间**<br>dān rén jiān<br>딴 런 찌엔  | 더블룸<br>**标准间**<br>biāo zhǔn jiān<br>삐아오 쭌 찌엔  |
| 트윈룸<br>**双人间**<br>shuāng rén jiān<br>쑤앙 런 찌엔  | 다인실 (삼인실, 사인실)<br>**多人间 (3人间, 4人间)**<br>duō rén jiān (sān rén jiān, sì rén jiān)<br>뚜오 런 찌엔 (산 런 찌엔, 스 런 찌엔) |

| | |
|---|---|
| 스위트룸<br>**豪华间**<br>háo huá jiān<br>하오 후아 찌엔 | 화장실 딸린 방 (위생간)<br>**有卫生间的房间**<br>yǒu wèi shēng jiān de fáng jiān<br>요우 웨이 썽 찌엔 더 팡 찌엔 |
| 에어컨 있는 방<br>**有空调的房间**<br>yǒu kōng tiáo de fáng jiān<br>요우 콩 티아오 더 팡 찌엔 | 공동 화장실, 공동 샤워실 (보통간)<br>**公用卫生间, 公用浴室 (普通间)**<br>gōng yòng wèi shēng jiān, gōng yòng yù shì (pǔ tōng jiān)<br>꽁 용 웨이 썽 찌엔, 꽁 용 위 쓰 (푸 통 찌엔) |

▶ **호텔 예약**

A: 호텔을 예약하려고요.
**要预订宾馆。**
yào yù dìng bīn guǎn
야오 위 딩 삔 구안

B: 며칠이나 머무르실 건가요?
**要待几天?**
yào dāi jǐ tiān
야오 따이 찌 티엔

A: (5월 1일) 체크인해서 (5월 4일) 체크아웃 할 거예요.
**我预约(5月1日)入住(5月4日)退房。**
wǒ yù yuē (wǔ yuè yī rì) rù zhù (wǔ yuè sì rì) tuì fáng
워 위 위에 (우 위에 이 르) 루 쭈 (우 위에 스 르) 투이 팡

B: 어떤 방을 원하세요?
**你想要什么房间?**
nǐ xiǎng yào shén me fáng jiān
니 씨앙 야오 썬 머 팡 찌엔

A: (싱글룸)을 원합니다.
**想要(单人间)。**
xiǎng yào (dān rén jiān)
씨앙 야오 (딴 런 찌엔)

숙소

B: 몇 분이세요?
请问一共几位?
qǐng wèn yí gòng jǐ wèi
칭 원 이 꽁 찌 웨이

A: 두 명입니다.
两个人。
liǎng gè rén
리앙 꺼 런

B: 예약을 도와 드릴게요. 성함과 연락처를 말씀해 주세요.
我帮您预定, 请告诉我您的名字和电话号码。
wǒ bāng nín yù dìng, qǐng gào su wǒ nín de míng zi hé diàn huà hào mǎ
워 빵 닌 위 띵, 칭 까오 수 워 닌 더 밍 즈 허 띠엔 후아 하오 마

A: 제 이름은 장 밍밍이고, 연락처는 123-456-789입니다.
我的名字是张明明, 我的电话号码是: 123-456-789。
wǒ de míng zi shì zhāng míng míng, wǒ de diàn huà hào mǎ shì: yāo
èr sān - sì wǔ liù - qī bā jiǔ
워 더 밍 즈 쓰 짱 밍 밍, 워 더 띠엔 후아 하오 마 쓰: 야오 얼 싼-쓰 우 리우-치 빠 찌우

B: 네, 예약되었습니다.
好的, 已经为您预订好了。
hǎo de, yǐ jīng wèi nín yù dìng hǎo le
하오 더, 이 찡 웨이 닌 위 띵 하오 러

▶ 호텔 체크인

A: 예약하셨나요?
预订了么?
yù dìng le me
위 띵 러 머

B: 예약했습니다.
预订了。
yù dìng le
위 띵 러

제 이름은 (밍밍)입니다.
我的名字是(明明)。
wǒ de míng zi shì (míng míng)
워 더 밍 즈 쓰 (밍 밍)

확인서 여기에 있습니다.
这是酒店的预订单。
zhè shì jiǔ diàn de yù dìng dān
쩌 쓰 찌우 띠엔 더 위 띵 딴

예약을 안 했어요. 빈방 있나요?
我没有预订。有空房吗?
wǒ méi yǒu yù dìng. yǒu kōng fáng ma
워 메이 요우 위 띵. 요우 콩 팡 마

A: 어떤 방을 원하세요?
想要什么房间?
xiǎng yào shén me fáng jiān
씨앙 야오 썬 머 팡 찌엔

B: (싱글룸)을 원합니다.
想要(单人间)。
xiǎng yào (dān rén jiān)
씨앙 야오 (딴 런 찌엔)

보증금은 얼마인가요?
押金是多少钱?
yā jīn shì duō shǎo qián
야 찐 쓰 뚜오 쌰오 치엔

A: 보증금은 (300위안)입니다.
押金是(三百块)钱。
yā jīn shì (sān bǎi kuài) qián
야 찐 쓰 (산 빠이 쿠아이) 치엔

신분증을 보여 주세요.
请出示您的身份证。
qǐng chū shì nín de shēn fèn zhèng
칭 추 쓰 닌 더 썬 펀 쩡

B: 여권, 여기에 있어요.
**给您护照在这里。**
gěi nín hù zhào zài zhè lǐ
게이 닌 후 짜오 짜이 쩌 리

A: 숙박신고서를 작성해 주세요.
**请填写住宿登记表。**
qǐng tián xiě zhù sù dēng jì biǎo
칭 티엔 씨에 쭈 수 떵 찌 삐아오

---

### 핵심 단어

| 여권 번호 | 비자 번호 | 여행 목적 | 이름 |
|---|---|---|---|
| **护照号码** | **签证号码** | **旅行目的** | **姓名** |
| hù zhào hào mǎ | qiān zhèng hào mǎ | lǚ xíng mù dì | xìng míng |
| 후 짜오 하오 마 | 치엔 쩡 하오 마 | 뤼 씽 무 띠 | 씽 밍 |

---

## 핵심문장 익히기

객실 구경

- 객실을 보여 주세요.
  **请给我看下客房。**
  qǐng gěi wǒ kàn xià kè fáng
  칭 게이 워 칸 씨아 커 팡

- 욕실이 어디인가요?
  **浴室在哪里?**
  yù shì zài nǎ lǐ
  위 쓰 짜이 나 리

- 화장실이 어디인가요?

  卫生间在哪里?

  wèi shēng jiān zài nǎ lǐ

  웨이 썽 찌엔 짜이 나 리

- 뜨거운 물이 나오나요?

  有热水吗?

  yǒu rè shuǐ ma

  요우 르어 쑤이 마

- 변기에 물이 내려가나요?

  马桶里的水流通畅吗?

  mǎ tǒng lǐ de shuǐ liú tōng chàng ma

  마 통 리 더 쑤이 리우 통 챵 마

- TV가 나오나요?

  有电视吗?

  yǒu diàn shì ma

  요우 띠엔 쓰 마

- 에어컨(난방기)은 작동되나요?

  空调 (暖器) 好用吗?

  kōng tiáo (nuǎn qì) hǎo yòng ma

  콩 티아오 (누안 치) 하오 용 마

- 아침 식사는 나오나요?

  有早饭吗?

  yǒu zǎo fàn ma

  요우 자오 판 마

- 인터넷을 사용할 수 있나요?

  **网络可以用吗?**

  wǎng luò kě yǐ yòng ma

  왕 루오 커이 용 마

가격 흥정

- 하루 묵는 데 얼마인가요?

  **住一天多少钱?**

  zhù yì tiān duō shǎo qián

  쭈 이 티엔 뚜오 싸오 치엔

- 봉사료와 세금이 포함된 가격인가요?

  **这是包括服务费和税的费用吗?**

  zhè shì bāo kuò fú wù fèi hé shuì de fèi yòng ma

  쩌 쓰 빠오 쿠오 푸 우 페이 허 쑤이 더 페이 용 마

- 깎아 주세요.

  **便宜点。**

  pián yi diǎn

  피엔 이 디엔

- 더 싼 방 보여 주세요?

  **能带我看更便宜的房间吗?**

  néng dài wǒ kàn gèng pián yi de fáng jiān ma

  넝 따이 워 칸 껑 피엔 이 더 팡 찌엔 마

- 이 방은 마음에 안 들어요.

  **我不喜欢这个房间。**

  wǒ bù xǐ huan zhè ge fáng jiān

  워 뿌 씨 후안 쩌 꺼 팡 찌엔

- 이 방으로 할게요.

  要这个房间了。

  yào zhè ge fáng jiān le

  야오 쩌 거 팡 찌엔 러


- 보증금이 얼마인가요?

  保证金是多少?

  bǎo zhèng jīn shì duō shǎo

  빠오 쩡 찐 쓰 뚜오 샤오


- 영수증을 주세요.

  请给我收据。

  qǐng gěi wǒ shōu jù

  칭 께이 워 쏘우 쥐


계산 후 요구와 질문

- 짐을 보관해 주세요.

  请帮我保管行李。

  qǐng bāng wǒ bǎo guǎn xíng li

  칭 빵 워 빠오 꾸안 씽 리


- 짐을 방까지 옮겨 주세요.

  请把行李移到房间。

  qǐng bǎ xíng li yí dào fáng jiān

  칭 빠 씽 리 이 따오 팡 찌엔


- 안내를 부탁드릴게요.

  麻烦介绍一下。

  má fan jiè shào yí xià

  마 판 찌에 샤오 이 씨아

- 아침 식사는 몇 시부터 몇 시까지인가요?

  早饭从几点开始到几点结束？

  zǎo fàn cóng jǐ diǎn kāi shǐ dào jǐ diǎn jié shù

  자오 판 총 찌 띠엔 카이 쓰 따오 찌 디엔 찌에 쑤

- 아침 식사는 어디에서 하나요?

  早饭在哪里吃？

  zǎo fàn zài nǎ lǐ chī

  자오 판 짜이 나 리 츠

- 식권을 주세요.

  请给我餐券。

  qǐng gěi wǒ cān quàn

  칭 게이 워 찬 취엔

- 체크아웃은 몇 시인가요?

  退房是几点？

  tuì fáng shì jǐ diǎn

  투이 팡 쓰 찌 띠엔

체크인 트러블

- 늦게 도착할 거 같네요.

  好像要迟到了。

  hǎo xiàng yào chí dào le

  하오 씨앙 야오 츠 따오 러

- 예약을 취소하지 마세요.

  请不要取消预订。

  qǐng bú yào qǔ xiāo yù dìng

  칭 뿌 야오 취 씨아오 위 띵

- 방을 바꿔 주세요.

请给我换房间。

qǐng gěi wǒ huàn fáng jiān

칭 게이 워 후안 팡 찌엔

# Unit 03. 룸서비스

물 을 갖다 주세요.

请拿 水 过来。

qǐng ná (shuǐ) guò lái

칭 나 (쑤이) 꾸오 라이

### 룸서비스 - 음료 및 식사

| | | | |
|---|---|---|---|
| 물<br>水<br>shuǐ<br>쑤이 | | 커피<br>咖啡<br>kā fēi<br>카 페이 | |
| 샴페인<br>香槟<br>xiāng bīn<br>씨앙 삔 | | 와인<br>红酒<br>hóng jiǔ<br>홍 찌우 | |
| 얼음<br>冰<br>bīng<br>삥 | | 식사<br>饭菜<br>fàn cài<br>판 차이 | |

모닝콜 을 해 주세요.
请提供 叫醒服务 。
qǐng tí gōng (jiào xǐng fú wù)
칭 티 꽁 (찌아오 씽 푸 우)

## 룸서비스 - 기타

| 모닝콜<br>叫醒<br>jiào xǐng<br>찌아오 씽  | 세탁 / 다림질 / 드라이크리닝<br>洗衣服 / 熨衣服 / 干洗<br>xǐ yī fú / yùn yī fu / gān xǐ<br>씨 이 푸 / 윈 이 푸 / 깐 씨  |
| --- | --- |
| 방 청소<br>清扫房间<br>qīng sǎo fáng jiān<br>칭 사오 팡 찌엔  | 식당 예약<br>预订饭店<br>yù dìng fàn diàn<br>위 띵 판 띠엔 | 안마<br>按摩<br>àn mó<br>안 모어  |

▶ **룸서비스를 부탁할 때**

A: 22호실입니다.
二十二号房。
èr shí èr hào fáng
얼 쓰 얼 하오 팡

룸서비스를 부탁드려요.
请帮我叫客房服务。
qǐng bāng wǒ jiào kè fáng fú wù
칭 빵 워 찌아오 커 팡 푸 우

B: 네.
好的。
hǎo de
하오 더

**A:** 누구세요?
　　谁？
　　shéi (shuí)
　　쎄이 (쑤이)

**B:** 룸서비스입니다.
　　客房服务。
　　kè fáng fú wù
　　커 팡 푸 우

**A:** 기다리세요.
　　请稍等。
　　qǐng shāo děng
　　칭 쌰오 떵

　　들어오세요.
　　请进。
　　qǐng jìn
　　칭 찐

　　팁입니다.
　　这是小费。
　　zhè shì xiǎo fèi
　　쩌 쓰 씨아오 페이

# Unit 04. 객실 트러블

바꿔 말하기

냉장고 가 고장 났어요.

冰箱 坏了。

(bīng xiāng) huài le

(삥 씨앙) 후아이 러

담요 를 갖다 주세요.

请给我 毛毯 。

qǐng gěi wǒ (máo tǎn)

칭 게이 워 (마오 탄)

침대 가 더러워요.

床 很脏。

(chuáng) hěn zāng

(추앙) 헌 장

객실 客厅 kè tīng 커 팅

224

| 방<br>**房间**<br>fáng jiān<br>팡 찌엔 | 전화<br>**电话**<br>diàn huà<br>띠엔 후아 | 텔레비전<br>**电视**<br>diàn shì<br>띠엔 쓰 |
|---|---|---|
| 리모컨<br>**遥控器**<br>yáo kòng qì<br>야오 콩 치 | 비디오<br>**录像机**<br>lù xiàng jī<br>루 씨앙 찌 | 냉장고<br>**冰箱**<br>bīng xiāng<br>삥 씨앙 |
| 에어컨<br>**空调**<br>kōng tiáo<br>콩 티아오 | 난방기<br>**暖器**<br>nuǎn qì<br>누안 치 | 전등<br>**电灯**<br>diàn dēng<br>띠엔 떵 |
| 침대<br>**床**<br>chuáng<br>추앙 | 베개<br>**枕头**<br>zhěn tou<br>쩐 토우 | 담요<br>**毛毯**<br>máo tǎn<br>마오 탄 |
| 시트<br>**床单**<br>chuáng dān<br>츄앙 딴 | 소파<br>**沙发**<br>shā fā<br>쌰 파 | 테이블<br>**桌子**<br>zhuō zi<br>쮸오 즈 |
| 커튼<br>**窗帘**<br>chuāng lián<br>추앙 리엔 | 티슈<br>**纸巾**<br>zhǐ jīn<br>쯔 찐 | 헤어드라이어<br>**吹风机**<br>chuī fēng jī<br>추이 펑 찌 |
| 환풍기<br>**换气扇**<br>huàn qì shàn<br>후안 치 싼 | 미니바<br>**迷你吧**<br>mí nǐ ba<br>미 니 빠 | |

## 욕실 浴盆 yù pén 위 펀

| | | |
|---|---|---|
| 변기<br>**马桶**<br>mǎ tǒng<br>마 통  | 수도꼭지<br>**水龙头**<br>shuǐ lóng tóu<br>쑤이 룽 토우  | 창문<br>**窗户**<br>chuāng hu<br>추앙 후  |
| 샤워기<br>**淋浴器**<br>lín yù qì<br>린 위 치  | 휴지<br>**手纸**<br>shǒu zhǐ<br>쏘우 쯔  | 샴푸<br>**洗发露**<br>xǐ fà lù<br>씨 파 루  |
| 비누<br>**香皂**<br>xiāng zào<br>씨앙 자오  | 샤워젤<br>**沐浴液**<br>mù yù yè<br>무 위 예  | 칫솔<br>**牙刷**<br>yá shuā<br>야 쑤아  |
| 치약<br>**牙膏**<br>yá gāo<br>야 까오  | 욕조<br>**浴池**<br>yù chí<br>위 츠  | 세면대<br>**洗脸池**<br>xǐ liǎn chí<br>씨 리엔 츠  |
| 거울<br>**镜子**<br>jìng zi<br>찡 즈  | 수건<br>**毛巾**<br>máo jīn<br>마오 찐  | |

- 문이 열리지 않아요.
  门打不开。
  mén dǎ bu kāi
  먼 따 뿌 카이

- 열쇠를 잃어버렸어요.
  钥匙丢了。
  yào shi diū le
  야오 쓰 띠우 러

- 열쇠를 방 안에 두고 왔어요.
  钥匙落在房间里了。
  yào shi là zài fáng jiān lǐ le
  야오 쓰 라 짜이 팡 찌엔 리 러

- 방 번호를 잊어버렸어요.
  把房间号码忘了。
  bǎ fáng jiān hào mǎ wàng le
  빠 팡 찌엔 하오 마 왕 러

- 변기가 막혔어요.
  马桶堵住了。
  mǎ tǒng dǔ zhù le
  마 통 뚜 쭈 러

- 변기를 고쳐 주세요.
  请修一下马桶。
  qǐng xiū yí xià mǎ tǒng
  칭 씨우 이 씨아 마 통

- 더운 물이 안 나와요.
  没有热水。
  méi yǒu rè shuǐ
  메이 요우 르어 쑤이

- 세면대 물이 샙니다.
  洗脸池漏水了。
  xǐ liǎn chí lòu shuǐ le
  씨 리엔 츠 로우 쑤이 러

- 욕실 청소를 다시 해 주세요.
  请再打扫一遍浴室。
  qǐng zài dǎ sǎo yí biàn yù shì
  칭 짜이 따 사오 이 삐엔 위 쓰

- 전등이 나갔어요.
  电灯坏了。
  diàn dēng huài le
  띠엔 떵 후아이 러

- 방해하지 마세요. (do not disturb)
  请勿打扰。
  qǐng wù dǎ rǎo
  칭 우 따 라오

- 방을 청소해 주세요. (please make up)
  请打扫房间。
  qǐng dǎ sǎo fáng jiān
  칭 따 사오 팡 찌엔

- 주위가 시끄러워요.
  周围很吵。
  zhōu wéi hěn chǎo
  쯔우 웨이 헌 차오

- 잠깐 와 주시겠어요.
  请过来一下。
  qǐng guò lái yí xià
  칭 꾸오 라이 이 씨아

# Unit 05. 부대시설

바꿔 말하기

헬스 클럽 이 어디에 있나요?
健身房 在哪里?
(jiàn shēn fáng) zài nǎ lǐ
(찌엔 썬 팡) 짜이 나 리

비즈니스 센터 는 몇 시에 문을 여나요?
营业中心 几点开门?
(yíng yè zhōng xīn) jǐ diǎn kāi mén
(잉 예 쫑 씬) 찌 띠엔 카이 먼

## 부대시설

| | | |
|---|---|---|
| 헬스클럽 <br>健身房<br>jiàn shēn fáng<br>찌엔 썬 팡 | 비즈니스센터<br>营业中心<br>yíng yè zhōng xīn<br>잉 예 쭝 씬  | 상점<br>商店 <br>shāng diàn<br>쌍 띠엔 |
| 사우나<br>桑拿<br>sāng ná<br>상 나  | 수영장 <br>游泳馆<br>yóu yǒng guǎn<br>요우 용 구안 | 식당 <br>饭店<br>fàn diàn<br>판 띠엔 |
| 안마하는 곳<br>按摩的地方<br>àn mó de dì fang<br>안 모어 더 띠 팡  | 우체국<br>邮局 <br>yóu jú<br>요우 쥐 | 은행<br>银行 <br>yín háng<br>인 항 |
| 미용실<br>美容院 <br>měi róng yuàn<br>메이 롱 위엔 | 이발소<br>理发店 <br>lǐ fà diàn<br>리 파 띠엔 | 커피숍<br>咖啡店 <br>kā fēi diàn<br>카 페이 띠엔 |

# 핵심문장 익히기

- 팩스(복사, 출력) 한 장에 얼마예요?

  **传真(复印, 打印)一页多少钱?**

  chuán zhēn (fù yìn, dǎ yìn) yí yè duō shǎo qián

  추안 쩐 (푸 인, 따 인) 이 에 뚜오 싸오 치엔

- 머리를 짧게 잘라 주세요.

  **请帮我把头发剪短。**

  qǐng bāng wǒ bǎ tóu fa jiǎn duǎn

  칭 빵 워 빠 토우 파 찌엔 뚜안

- 머리를 파마해 주세요.

  **请帮我烫个头发。**

  qǐng bāng wǒ tàng gè tóu fa

  칭 빵 워 탕 꺼 토우 파

- 전신 안마를 해 주세요.

  **我要全身按摩。**

  wǒ yào quán shēn àn mó

  워 야오 취엔 썬 안 모어

- 발 마사지를 해 주세요.

  **我要足底按摩。**

  wǒ yào zú dǐ àn mó

  워 야오 쭈 띠 안 모어

# Unit 06. 체크아웃

바꿔말하기

이 <u>추가요금</u> 은 무엇인가요?
这个 <u>附加费用</u> 是什么?
zhè ge (fù jiā fèi yòng) shì shén me
쩌 꺼 (푸 찌아 페이 용) 쓰 썬 머

| 추가요금<br>**附加费用**<br>fù jiā fèi yòng<br>푸 찌아 페이 용 | 요금<br>**费用**<br>fèi yòng<br>페이 용 |
| --- | --- |

## 핵심문장 익히기

· 체크아웃은 몇 시인가요?
几点退房?
jǐ diǎn tuì fáng
찌 띠엔 투이 팡

· 하룻밤 더 묵고 싶어요.
想多住一天。
xiǎng duō zhù yì tiān
씨앙 뚜오 쭈 이 티엔

· 하루 일찍 떠나고 싶어요.
想提前一天退房。
xiǎng tí qián yì tiān tuì fáng
씨앙 티 치엔 이 티엔 투이 팡

- 체크아웃해 주세요.

  请给我退房。

  qǐng gěi wǒ tuì fáng

  칭 게이 워 투이 팡

- 이것은 보증금 증서입니다.

  这是保证金单据。

  zhè shì bǎo zhèng jīn dān jù

  쩌 쓰 빠오 쩡 찐 딴 쥐

- 귀중품을 꺼내 주세요.

  请随身携带贵重物品。

  qǐng suí shēn xié dài guì zhòng wù pǐn

  칭 수이 썬 씨에 따이 꾸이 쫑 우 핀

- 출발할 때까지 짐을 맡아 주세요.

  出发前请替我保管行李。

  chū fā qián qǐng tì wǒ bǎo guǎn xíng li

  추 파 치엔 칭 티 워 빠오 꾸안 씽 리

- 방에 물건을 두고 나왔어요.

  把东西落在房间里了。

  bǎ dōng xi là zài fáng jiān lǐ le

  빠 똥 씨 라 짜이 팡 찌엔 리 러

- 보증금을 돌려주세요.

  请返还保证金。

  qǐng fǎn huán bǎo zhèng jīn

  칭 판 후안 빠오 쩡 찐

- 계산이 잘못된 것 같아요.

  好像算错帐了。

  hǎo xiàng suàn cuò zhàng le

  하오 씨앙 수안 추오 짱 러

- 얼마예요?

  多少钱?

  duō shǎo qián

  뚜오 싸오 치엔

- 택시를 불러 주세요.

  请帮我叫出租车。

  qǐng bāng wǒ jiào chū zū chē

  칭 빵 워 찌아오 추 쭈 처

- 영수증을 주세요.

  请把收据给我。

  qǐng bǎ shōu jù gěi wǒ

  칭 빠 쏘우 쥐 게이 워

## Chapter 07 질병, 사고

## Unit 01. 질병

눈 이 아파요.
眼睛 疼!
(yǎn jīng) téng
(이엔 찡) 텅

코 를 다쳤어요.
鼻子 受伤了。
(bí zi) shòu shāng le
(삐 즈) 쏘우 쌍 러

바꿔 말하기

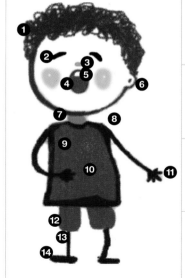

| ① 머리 | ② 눈 | ③ 코 |
|---|---|---|
| 头 | 眼睛 | 鼻子 |
| tóu | yǎn jīng | bí zi |
| 토우 | 이엔 찡 | 삐 즈 |

| ④ 입 | ⑤ 이 | ⑥ 귀 |
|---|---|---|
| 嘴 | 牙 | 耳朵 |
| zuǐ | yá | ěr duo |
| 쭈이 | 야 | 얼 뚜오 |

| ⑦ 목 | ⑧ 어깨 | ⑨ 가슴 |
|---|---|---|
| 脖子 | 肩膀 | 胸 |
| bó zi | jiān bǎng | xiōng |
| 뽀어 즈 | 찌엔 빵 | 씨옹 |

| ⑩ 배 | ⑪ 손 | ⑫ 다리 |
|---|---|---|
| 肚子 | 手 | 腿 |
| dù zi | shǒu | tuǐ |
| 뚜 즈 | 쏘우 | 투이 |

| ⑬ 무릎 | ⑭ 발 | ⑮ 등 |
|---|---|---|
| 膝盖 | 脚 | 背 |
| xī gài | jiǎo | bèi |
| 씨 까이 | 찌아오 | 뻬이 |

| ⑯ 머리카락 | ⑰ 팔 |
|---|---|
| 头发 | 胳膊 |
| tóu fa | gē bo |
| 토우 파 | 꺼 뽀어 |

| ⑱ 허리 | ⑲ 엉덩이 | ⑳ 발목 |
|---|---|---|
| 腰 | 臀部 | 脚腕 |
| yāo | tún bù | jiǎo wàn |
| 야오 | 툰 뿌 | 찌아오 완 |

▶ **도움을 요청할 때**

A: 도와주세요!
**请帮个忙!**
qǐng bāng gè máng
칭 빵 꺼 망

B: 어디 불편하세요?
**哪里不舒服?**
nǎ lǐ bù shū fu
나 리 뿌 수 푸

무엇을 도와드릴까요?
**您需要什么?**
nín xū yào shén me
닌 쉬 야오 썬 머

A: (코)를 다쳤어요.
**(鼻子)受伤了。**
(bí zi) shòu shāng le
(삐 즈) 쏘우 쌍 러

병원에 데려다 주세요.
请带我去医院。
qǐng dài wǒ qù yī yuàn
칭 따이 워 취 이 위엔

구급차를 불러 주세요.
请叫救护车过来。
qǐng jiào jiù hù chē guò lái
칭 찌아오 찌우 후 처 꾸오 라이

약을 사 주세요.
请帮我买药。
qǐng bāng wǒ mǎi yào
칭 빵 워 마이 야오

부축해 주세요.
请搀扶我一下。
qǐng chān fú wǒ yí xià
칭 찬 푸 워 이 씨아

병원(약국)을 찾고 있어요.
我正在找医院(药店)。
wǒ zhèng zài zhǎo yī yuàn (yào diàn)
워 쩡 짜이 짜오 이 위엔 (야오 띠엔)

B: 아픈 지는 얼마 됐나요?
你疼了多久?
nǐ téng le duō jiǔ
니 텅 러 뚜오 찌우

A: 아픈 지는 (1시간) 됐어요.
疼了有(一个小时)了。
téng le yǒu (yí gè xiǎo shí) le
텅 러 요우 (이 꺼 씨아오 쓰) 러

- 눈에 뭐가 들어 갔어요.

  有东西进到眼睛里了。

  yǒu dōng xī jìn dào yǎn jīng lǐ le

  요우 똥 씨 찐 따오 이엔 찡 리 러

- 콧물이 흘러요.

  流鼻涕。

  liú bí tì

  리우 삐 티

- 다리가 골절됐어요.

  腿骨折了。

  tuǐ gǔ zhé le

  투이 꾸 저 러

- 손을 데였어요.

  烫到手了。

  tàng dào shǒu le

  탕 따오 쏘우 러

- 어지러워요.

  头晕。

  tóu yūn

  토우 윈

- 차멀미가 나요.

  晕车。

  yūn chē

  윈 처

- 답답해요.
  胸闷。
  xiōng mèn
  씨옹 먼

- 설사해요.
  拉肚子。
  lā dù zi
  라 뚜 즈

- 열이 나요.
  发烧。
  fā shāo
  파 쌰오

- 기침해요.
  咳嗽。
  ké sou
  커 소우

- 구토해요.
  呕吐。
  ǒu tù
  오우 투

- 찔렸어요.
  扎到了。
  zhā dào le
  짜 따오 러

- 화상을 입었어요.

  烧伤了。

  shāo shāng le

  싸오 쌍 러

- 식욕이 없어요.

  食欲不振

  shí yù bú zhèn

  쓰 위 뿌 쩐

- 쥐가 나요.

  抽筋了。

  chōu jīn le

  초우 찐 러

- 식은땀이 나요.

  冒冷汗。

  mào lěng hàn

  마오 렁 한

- 빈혈이에요.

  贫血。

  pín xuè

  핀 쒸에

- 벌레(빈대, 이, 진드기, 벌, 뱀)한테 물렸어요.

  被虫子(臭虫, 虱子, 螨, 蜜蜂, 蛇)咬了。

  bèi chóng zi (chòu chóng, shī zi, mǎn, mì fēng, shé) yǎo le

  뻬이 총 즈 (초우 총, 쓰 즈, 만, 미 펑, 써) 야오 러

- 곪았어요.
  
  化脓了。
  
  **huà nóng le**
  
  후아 농 러

- 염증이 생겼어요.
  
  发炎了。
  
  **fā yán le**
  
  파 이엔 러

- 감염됐어요.
  
  感染了。
  
  **gǎn rǎn le**
  
  깐 란 러

천식
哮喘
xiào chuǎn
씨아오 추안

고혈압
高血压
gāo xuè yā
까오 쉬에 야

소화불량
消化不良
xiāo huà bù liáng
씨아오 후아 뿌 리앙

생리통
痛经
tòng jīng
통 찡

당뇨병
糖尿病
táng niào bìng
탕 니아오 삥

알레르기
过敏
guò mǐn
꾸오 민

심장병
心脏病
xīn zàng bìng
씬 장 삥

맹장염
阑尾炎
lán wěi yán
란 웨이 이엔

위염
胃炎
wèi yán
웨이 이엔

감기
感冒
gǎn mào
깐 마오

배탈
闹肚子
nào dù zi
나오 뚜 즈

설사병
腹泻
fù xiè
푸 씨에

장티푸스
伤寒
shāng hán
쌍 한

결핵
结核
jié hé
찌에 허

고산병
高原反应
gāo yuán fǎn yìng
까오 위엔 판 잉

광견병
狂犬病
kuáng quǎn bìng
쿠앙 취엔 삥

뎅기열
骨痛热
gǔ tòng rè
꾸 통 르어

저체온증
体温过低症
tǐ wēn guò dī zhèng
티 원 꾸오 띠 쩡

폐렴
肺炎
fèi yán
페이 이엔

식중독
食物中毒
shí wù zhòng dú
쓰 우 쭝 뚜

기관지염
支气管炎
zhī qì guǎn yán
쯔 치 꾸안 이엔

열사병
中暑
zhòng shǔ
쭝 쑤

치통
牙痛
yá tòng
야 통

간염
肝炎
gān yán
깐 이엔

242

## 약명

아스피린
**阿司匹林**
ā sī pǐ lín
아 스 피 린

소화제
**消化药**
xiāo huà yào
씨아오 후아 야오

위장약
**肠胃药**
cháng wèi yào
챵 웨이 야오

반창고
**创可贴**
chuàng kě tiē
추앙 커 티에

수면제
**安眠药**
ān mián yào
안 미엔 야오

진통제
**镇痛剂**
zhèn tòng jì
쩐 통 찌

해열제
**退烧药**
tuì shāo yào
투이 싸오 야오

멀미약
**晕车药**
yùn chē yào
윈 처 야오

우황청심환
**牛黄清心丸**
niú huáng qīng xīn wán
니우 후앙 칭 씬 완

가래, 기침약
**止痰, 止咳药**
zhǐ tán, zhǐ ké yào
쯔 탄, 쯔 커 야오

지혈제
**止血剂**
zhǐ xuè jì
즈 쒸에 찌

항생제
**抗生素**
kàng shēng sù
캉 썽 수

탈수방지약
**防脱水药**
fáng tuō shuǐ yào
팡 투오 쑤이 야오

소염제
**消炎药**
xiāo yán yào
씨아오 이엔 야오

소독약
**消毒药**
xiāo dú yào
씨아오 뚜 야오

변비약
**便秘药**
biàn mì yào
삐엔 미 야오

안약
**眼药水**
yǎn yào shuǐ
이엔 야오 쑤이

붕대
**绷带**
bēng dài
뼁 따이

설사약
**泻药**
xiè yào
씨에 야오

감기약
**感冒药**
gǎn mào yào
깐 마오 야오

Chapter 07

질병, 사고

243

# Unit 02. 사고(분실, 도난, 교통사고)

바꿔 말하기

지갑 을 잃어버렸어요.
丢了 钱包 。
diū le (qián bāo)
띠우 러 (치엔 빠오)

## 소지품

| 지갑<br>**钱包**<br>qián bāo<br>치엔 빠오  | 여권<br>**护照**<br>hù zhào<br>후 짜오  | 신용카드<br>**信用卡**<br>xìn yòng kǎ<br>씬 용 카  |
|---|---|---|
| 가방<br>**包**<br>bāo<br>빠오  | 돈<br>**钱**<br>qián<br>치엔  | 보석<br>**珠宝**<br>zhū bǎo<br>쭈 빠오  |
| 수표<br>**支票**<br>zhī piào<br>쯔 피아오  | 신분증<br>**身份证**<br>shēn fèn zhèng<br>썬 펀 쩡  | 귀중품<br>**贵重物品**<br>guì zhòng wù pǐn<br>꾸이 쭝 우 핀  |

## 핵심문장 익히기

도움 요청

- 도와주세요!
  请帮个忙!
  qǐng bāng gè máng
  칭 빵 꺼 망

- 경찰을 불러주세요.
  请叫警察。
  qǐng jiào jǐng chá
  칭 찌아오 찡 챠

- 경찰서에 신고해주세요.
  请报警。
  qǐng bào jǐng
  칭 빠오 찡

- 병원으로 데려다 주세요.
  请送我到医院。
  qǐng sòng wǒ dào yī yuàn
  칭 송 워 따오 이 위엔

- 전화해 주세요.
  请给我打个电话。
  qǐng gěi wǒ dǎ gè diàn huà
  칭 게이 워 따 꺼 띠엔 후아

- 핸드폰을 빌려 주세요.

  请借我手机用一下。

  qǐng jiè wǒ shǒu jī yòng yí xià

  칭 찌에 워 쏘우 찌 용 이 씨아

- 한국 통역관을 불러 주세요.

  请叫个韩语翻译过来。

  qǐng jiào gè hán yǔ fān yì guò lái

  칭 찌아오 꺼 한 위 판 이 꾸오 라이

도난

- 도둑맞았어요! / 소매치기 당했어요!

  被偷了!

  bèi tōu le

  뻬이 토우 러

- 제 물건을 찾아 주세요.

  请帮忙找一下我的东西。

  qǐng bāng máng zhǎo yí xià wǒ de dōng xi

  칭 빵 망 짜오 이 씨아 워 더 똥 씨

교통사고

- 교통사고를 당했어요!

  出车祸了!

  chū chē huò le

  추 처 후오 러

- 사고가 났어요!

  出事故了!

  chū shì gù le

  추 쓰 꾸 러

- 뺑소니예요!

  肇事逃逸了!

  zhào shì táo yì le

  짜오 쓰 타오 이 러

- 구급차를 불러주세요.

  请叫救护车。

  qǐng jiào jiù hù chē

  칭 찌아오 찌우 후 처

### 폭행 / 강도 / 사기

- 살려주세요!

  救命啊!

  jiù mìng a

  찌우 밍 아

- 강도예요.

  有强盗。

  yǒu qiáng dào

  요우 치앙 따오

- 사기를 당했어요.

  被骗了。

  bèi piàn le

  뻬이 피엔 러

- 폭행을 당했어요.

  被施暴了。

  bèi shī bào le

  뻬이 쓰 빠오 러

| | |
|---|---|
| 성 명<br>Name | |
| 생년월일<br>Date of Birth | |
| 국 적<br>Nationality | |
| 호 텔<br>Hotel | |
| 여권번호<br>Passport No. | |
| 비자번호<br>Visa No. | |
| 항공기편명<br>Flight Name | |
| 항공권번호<br>Air Ticket No. | |
| 신용카드번호<br>Credit Card No. | |
| 여행자수표번호<br>Traveler's Check No. | |
| 출발지<br>Departed from | |
| 목적지<br>Destination | |

현지에서 바로바로 활용하는

베스트
여행 중국어
완전정복

현지에서 바로바로 활용하는

# 베스트 여행 중국어 완전정복

저 자  서지위, 장현애, 장지연
발행인  고본화
발 행  반석출판사
2019년 1월 5일 초판 1쇄 인쇄
2019년 1월 10일 초판 1쇄 발행
반석출판사 | www.bansok.co.kr
이메일 | bansok@bansok.co.kr
블로그 | blog.naver.com/bansokbooks

07547 서울시 강서구 양천로 583. B동 1007호
       (서울시 강서구 염창동 240-21번지 우림블루나인 비즈니스센터 B동 1007호)
대표전화  02) 2093-3399      팩 스  02) 2093-3393
출 판 부  02) 2093-3395      영업부  02) 2093-3396
등록번호  제315-2008-000033호

Copyright ⓒ 서지위, 장현애, 장지연

ISBN 978-89-7172-883-3 (13720)

현지에서 바로바로 활용하는

# 베스트

# 여행중국어

# 완전정복

반석출판사
**Bansok**

# 여행에서 쓸 수 있는 기본 표현

여행을 할 때 그 나라 말을 조금이라도 익히고 가면 거기에서의 여행은 더욱 소중한 추억을 제공할 것입니다. 그 나라의 인사말 정도만 알아도 상대는 미소를 띠며 기꺼이 대화에 응해줄 것입니다. 우선 여행을 가기 전에 본서에 있는 짧고 간단한 표현은 반드시 암기해 두십시오. 그리고 외국에 가서 용기를 내어 외국인에게 직접 말을 걸어 보십시오. 분명히 여행은 한층 더 즐거워질 것입니다.

| ★ 안녕하세요. (아침) | 早上好。<br>자오 상 하오 |
|---|---|
| ★ 안녕하세요. (낮) | 你好。<br>니 하오 |
| ★ 안녕하세요. (밤) | 晚上好。<br>완 상 하오 |
| ★ 안녕히 가(계)세요. | 再见。<br>짜이 찌엔 |
| ★ 안녕히 주무세요. | 晚安。<br>완 안 |
| ★ 내일 봅시다. | 明天见。<br>밍 티엔 찌엔 |
| ★ 감사합니다. | 谢谢。<br>씨에 씨에 |
| ★ 예. / 아니오. | 对。 / 不是。<br>뚜이 / 뿌 스 |

| | | |
|---|---|---|
| ★ 미안합니다. | 对不起。 | 뚜이 부 치 |
| ★ 천만에요. | 不客气。 | 뿌 커 치 |
| ★ 실례합니다. | 请让让。 | 칭 랑 랑 |
| ★ 괜찮습니까? | 不要紧吗? | 뿌 야오 진 마 |
| ★ 괜찮습니다. | 不要紧。 | 뿌 야오 진 |
| ★ 중국어는 모릅니다. | 我不懂中国话。 | 워 뿌 동 종 궈 화 |
| ★ ~은 어디입니까? | ~在哪里? | 짜이 나 리 |
| ★ 이걸 주세요. | 我要这个。 | 워 야오 저 거 |
| ★ 얼마입니까? | 多少钱? | 뚸 사오 치엔 |
| ★ ~가 있습니까? | 有~吗? | 여우 ~ 마 |
| ★ ~을 부탁합니다. | 请~ | 칭 ~ |
| ★ ~해도 됩니까? | 可以~吗? | 커 이 ~ 마 |

# 머리말

　　자연과 인간사는 닮았습니다. 가을이 오면 낙엽들이 마치 바다를 이루듯 모든 산들을 풍성하게 채웁니다. 울긋불긋한 낙엽 산은 한 인간의 희로애락과 인생이 무르익어 생긴 징표들과 비슷합니다. 그리고 우리는 차가운 겨울바람에 인생을 다시 생각하며, 자기 자신을 내어 놓음으로써 내년 봄, 미래의 생명들과 진정한 하나가 됩니다. 인생을 자연처럼 살 수만 있다면 얼마나 좋을까요? 이보다 더한 행복이 있을까요?

　　인생을 자연처럼 살게끔 하는 게 바로 여행입니다. 그래서 여행은 소중합니다. 여행은 한 나라의 역사와 온전하게 마주하는 경험입니다. 여행을 통해 그 나라의 과거와 현재 그리고 미래를 접하게 됩니다. 한 민족의 가치관과 문화를 접하면서 세상을 받아들이는 그릇도 커져 갑니다. 모든 것을 포용하는 자연처럼 자신의 그릇이 커진다면, 우리가 비록 작은 씨앗에서 태어났지만 점점 자라 꽃을 피우고 무성한 녹음을 자랑하며 값진 열매도 맺는, 그런 큰 사람이 될 것입니다.

　　부족한 책이지만 심혈을 기울여 열심히 만들었습니다. 이 책을 만들기 위해 도움을 주신 분들이 많습니다. 중국 한인으로서 한국에 오신 서지위, 서정우님께서 번역 작업을 해 주셨습니다. 같은 표현이라도 최대한 자연스럽고 고급스럽게 나타내기 위해 고심에 고심을 거듭하면서 한 문장 한 문장을 꼼꼼하게 다듬어 주셨습니다. 여행을 좋아하셔서 여행에 대한 정보를 많이 제공해 주신 박경식 선생님, 모두 모두 감사드립니다.

　　이 책의 삽화는 장현애님이 맡으셨습니다. 중국 절강대 어학연수 시절 친한 멕시코 친구가 한국으로 여행 간다는 말을 듣고 걱정되는 마음에서 필요한 말들을 그림으로 그려 작은 여행 책을 만들어 준 것이 이 책을 만들게 된 계기가 되었다고 합니다. 중국어 공부와 책 작업을

동시에 하면서 몸은 고되고 힘들었지만, 행복한 마음으로 작업을 했다고 합니다. 그런 그의 마음이 전해져 이 책과 함께 중국을 여행하거나 중국어를 공부하는 분들이 즐겁게 보셨으면 하는 바람을 가져 봅니다.

마지막으로 이 책이 나오기까지 도움을 주신 가족과 중국어 검토를 도와준 중국 동생들에게 깊은 감사드립니다.

장지연(글), 장현애(그림)

**중국어 도움**
**서정우(徐静宇)**
- 重庆邮电大学 自动化学科 졸업
- 건국대학교 신기술융합학과 대학원 졸업
- 現 한국에서 중·영·한 통역

**감수**
**금연(金燕)** Computer Science, San Francisco University
**금소신(金筱晨)** 경희대 일반대학원 경영컨설팅학과 지식서비스 전공
**금소령(金筱翎)** 경희대 일반대학원 경영컨설팅학과 지식서비스 전공
**고리리(高莉莉)** 건국대학교 경영학과
**진현(陈贤)** 건국대학교 신기술융합학과 박사 과정
**심주(沈珠)** 건국대학교 경영학과

# 목차

# 목차

# 이 책의 특징

단체로 여행을 가면 현지 사정에 밝은 가이드가 안내와 통역을 해주기 때문에 말이 통하지 않아 생기는 불편함은 그다지 크지 않을 것입니다. 하지만 중국인과 대면하거나 쇼핑을 하거나 위급한 상황에 처했을 때는 회화가 절대적으로 필요합니다. 또한 여행지에서 현지인과의 의사소통은 여행을 한층 즐겁고 보람되게 해줄 것입니다.

이 책은 여행자의 필수 휴대품이 될 수 있도록 하기 위해 현지에서 꼭 필요한 어휘와 필수 구문, 대화 등을 실었습니다. 중국어 초보자들을 위해 원어민의 발음에 가깝게 한글 발음을 병기하였고, 상황별로 필요한 중국어 표현과 어휘를 실었습니다. 또한 원어민의 정확한 발음이 실린 mp3가 반석출판사 홈페이지(www.bansok.co.kr)에서 제공됩니다.

## 중국의 대표 관광지

중국의 유명한 관광지 10곳의 사진과 간략한 설명을 담았습니다.

## 유창한 회화를 위한 기본 표현

여행 회화를 보기에 앞서 실생활에 자주 활용되는 기본 표현들을 모았습니다.

## 베스트 여행 중국어 완전정복

출발에서부터 교통, 관광, 숙박, 쇼핑, 식사, 통신, 질병, 기본적인 일상회화 등 여행을 할 때 부딪칠 수 있는 상황을 여행순서에 맞게 설정했습니다.

# 이 책의 활용 방법

**1** 중국으로 여행, 출장, 방문을 할 때 현지에서 유용하게 사용할 수 있도록 하기 위해 필수회화(구문)를 엄선하여 사전식으로 꾸몄습니다.

**2** 중국어를 잘 모르더라도 즉석에서 활용할 수 있도록 하기 위해 발음은 가능한 한 원음에 가깝게 한글로 표기했습니다.

**3** 장면별로 현지에서 필요한 여행정보를 두어 여행가이드로서 역할을 충분히 할 수 있도록 하였습니다.

**바꿔말하기**
각 장면에서 기본적으로 쓰이는 중국어 문형입니다. 이 기본문형을 바탕으로 필요한 어휘를 바꿔서 말할 수 있습니다.

**발음표기**
정확한 중국어 발음을 한글로 표기하여 누구나 즉석에서 쉽게 말할 수 있습니다.

**바꿔말하기용 어휘**
기본문형에 어휘를 대입하여 즉석에서 활용할 수 있습니다.

**핵심문장 익히기**
기본문형 외에 상황별로 반드시 알아야 할 표현들을 실었습니다.

**회화표현**
상황별로 실전 활용도가 높은 회화들을 선별했습니다.

**우리말 표현**
필요한 말을 쉽게 찾아볼 수 있도록 한글을 먼저 실었습니다.